요셉, 미라가 되다

요셉, 미라가 되다

초판 1쇄 찍은 날 · 2007년 5월 15일 | 초판 1쇄 펴낸 날 · 2007년 5월 21일

지은이 · 송정복 | 펴낸이 · 김승태

편집 · 이덕희, 최선혜, 방현주 | 디자인 · 이훈혜, 이은희, 정혜정
영업 · 변미영, 장완철, 김성환 | 물류 · 조용환, 엄인휘

등록번호 · 제2-1349호(1992. 3. 31.) | 펴낸 곳 · 예영커뮤니케이션
주소 · (110-616) 서울 광화문우체국 사서함 1661호 | 홈페이지 www.jeyoung.com
출판사업부 · T. (02)766-8931 F. (02)766-8934 e-mail: jeyoungedit@chol.com
출판유통사업부 · T. (02)766-7912 F. (02)766-8934 e-mail: jeyoung@chol.com
제작 예영 B&P · T. (02)2249-2506~7

copyright ⓒ 2007, 송정복

ISBN 978-89-8350-418-0 (03230)

값 9,000원

요셉, 미라가 되다

송 정 복 지음

예영커뮤니케이션

세상의 많은 곳을 찾아 다녔습니다.
길은 많이 있었지만 그 길은 찾지 못했습니다.
어느 날 말씀을 읽고 그 길을 찾았습니다.
그 길 끝에는 깊은 숲이 있었습니다.

저는 그 숲을 가꾸는 자가 되기로 결심했습니다.
숲을 가꾸기 위해서 신학공부, 선교, 유학, 이민목회로…
숲이 아름답게 가꾸어지는 듯
맑은 냇물 소리가 들렸습니다.
그러나 내 영혼의 목마름은 여전히 해결되지 않았습니다.

영혼의 목마름을 해결하려고 광야를 찾았습니다.
굶주릴 대로 굶주린 초라한 영혼에
가는 한 줄기의 빛이 꽂혔습니다.
은혜와 순종의 새 빛이었습니다.

그 빛을 안고 숲으로 다시 갔습니다.
이전과 다름없는 숲이었지만
소리 없는 굉음이 들렸습니다.
"빛이 있으라 하시니 빛이 있었고"

창세기 속에서 질서와 순종의 한 사람을 만났습니다.
그의 인격은 하나님을 닮아서 세상과 우주를 품고 있었습니다.
질서와 용서는 합할 수 없다는 사람들의 선입관과는 달리
그의 성품 속에는 그 둘이 아름답게 녹아 있었습니다.

지난 5년 동안
그의 인격을 깊고, 넓게 연구했습니다.
그가 되어 보기도 했으며
성경 저자의 입장에서 그를 묵상해 보기도 하는 가운데
인간 존재에 대한 새로운 이해와 안목을 갖게 되었습니다.

그 가운데 얻은 깨달음과 경험으로 이 책을 쓰게 되었습니다.
이 책을 통해 성경 해석의 새로움과 즐거움을 느끼고
말씀으로,
은혜로,
용서로,
인생을 새롭게 볼 수 있는 안목을 갖게 될 것입니다.

그동안 저를 아끼고 후원해 주신
모든 분들에게 이 책을 드립니다.

은혜와 말씀의 숲에서
송 정 복

프롤로그

    나는 관에 손을 얹었다. 관 속에 있는 미라의 온기가 몸속으로 전해지는 것 같았다. 그 관이 지난 400여 년 동안 도굴의 위험과 후손들의 무관심에도 잘 버텨 준 것을 생각하니 눈시울이 뜨거웠다.

    언약의 백성은 많은 어려움을 겪었다. 땅을 소유할 수도 없었고, 고위 관직에 오를 수도 없었다. 세계 대제국과 하나 되지 못하는 이유로 오랫동안 이방인으로 지냈다. 그러나 언약의 백성은 조상들이 남긴 약속을 잊지 않고, 자신들의 존재를 유지하며 약속의 날을 기다렸다. 언약의 백성은 인구 번성으로 인해 더 많은 고난을 겪었다. 태어나는 남자 아이들은 모두 강물에 던져졌다. 많은 노역과 세금으로 허리가 휘어졌다.

    그런 가운데 위대한 선지자 한 사람이 나타났다. 그는 언변이 좋은 정치인도 아니었고, 백성들 사이에서 인기가 있었던 사람도 아니었다. 선지자는 한때, 살인전력으로 대제국에서 미디안으로 도망한 사람이었다. 그는 늙도록 광야에서 양을 쳤는데 지팡이를 가지고 다녔다. 그의 머리는 백발로 덮였지만, 목소리와 꿈에는 푸른 숲과 같은 젊음이 있었다.

    나는 선지자를 늘 따라다녔다. 선지자는 언약의 백성이 대제국에 와서 살게 된 이유와 그들이 언젠가는 대제국을 떠나 언약의 땅으로 돌아갈 것이라고 예언하였다. 선지자의 이야기는 참으로 실감나는 이야기였고, 금방이라도 일어날 것 같은 이야기였다.

선지자의 이야기 중에서도 미라(mummy)로 보존되어 관 속에 있는 요셉의 이야기는 깊이 가슴에 와 닿았다. 대제국의 위대한 총리로 오랫동안 명성이 자자했던 요셉의 시신은 이집트의 장례법대로 입관되어 총리의 무덤에 안치되어 있었다. 제국의 사람들은 죽은 사람이 부활할 때를 위해서 시신을 미라로 잘 보존해야 한다고 믿고 있었다. 하지만 언약의 백성은 인간의 몸이 흙에서 왔기 때문에 흙으로 돌아가야 한다고 믿었다. 그동안 모든 조상들은 흙으로 돌아갔다. 그렇지만 요셉의 미라는 부활하지도, 흙으로 돌아가지도 못했다.

요셉의 미라는 형식적으로는 총리의 묘실에 있었던 다른 미라와 함께 부활을 기다리고 있었다. 하지만 다른 부활을 꿈꾸고 있었다.

나는 관에 묻은 이물질을 제거하고 조심스럽게 관의 뚜껑을 열었다. 관 속에서 향기로운 역청 냄새가 흘러 나왔다. 다른 사람 같으면 열지도 못했겠지만, 그동안의 연구 덕분에 어렵지 않게 열 수 있었다. 요셉의 몸은 예상대로 붕대로 감겨져 있었다.

붕대를 풀면 요셉의 얼굴이 보일 것이다. 나의 가슴은 뛰었다. 엄숙한 마음으로 붕대를 풀었다. 미라의 붕대는 잘 풀리도록 감겨져 있었다. 풀 것을 예상하고 감은 것처럼 엉킴이 없었다.

마지막 한 겹의 붕대가 풀리면서 요셉의 얼굴이 드러났다. 얼굴에서 빛이 났다. 그동안 한 번도 경험해 보지 못한 빛이었다. 요셉을 너무 사모해서 환상을 본 것인지 아니면 꿈을 꾸고 있는 것인지 그 빛은 점점 강하게 나의 마음속으로 들어왔다.

나는 내일이면 요셉과 함께 먼 여행을 떠날 것이다. 요셉의 미라를 책임 맡은 자이기 때문만이 아니라, 요셉의 미라가 대제국의 미라와는 다른 방법으로 부활할 것이라는 사실을 생각하니 잠이 오지 않았다. 밤은 깊었지만 나는 빛을 따라 어둠을 헤치며 깊은 여행을 시작했다. 선지자가 들려준 말들을 떠올리며 그 옛날 팔레스타인 땅으로 갔다.

1. 그 이름을 **요셉**이라 하니라

하나님이 라헬을 생각하신지라 하나님이 그의 소원을 들으시고 그의 태를 여셨으므로 그가 임신하여 아들을 낳고 이르되 하나님이 내 부끄러움을 씻으셨다 하고 그 이름을 요셉이라 하니 여호와는 다시 다른 아들을 내게 더하시기를 원하노라 하였더라(창 30:22-24).

장자권

한 여인이 쌍둥이를 임신하였다. 태동이 얼마나 심한지 여인은 쌍둥이가 태 속에서 서로 경쟁하며 싸우는 것처럼 느꼈다. 마치 민족과 민족이 전쟁을 벌이는 것 같았다.

쌍둥이가 태어나는 날, 동생은 둘째로 태어나는 것이 싫었는지 손으로 형의 발꿈치를 잡고 나왔다. 쌍둥이의 부모인 이삭과 리브가는 먼저 나온 아이의 이름을 몸이 붉다고 하여 에서로, 동생은 '발꿈치를 잡은 자'라는 의미로 야곱이라 지었다.

두 아들은 자라면서도 경쟁이 심했다. 에서는 날쌔었고, 야곱은 조용한 성격이어서 잘 어울릴 듯 했지만, 그들의 성격은 마찰을 불러일으켰다. 그 경쟁은 이삭과 리브가도 감당할 수 없을 정도로 심했다.

그들의 가장 치열했던 경쟁은 이삭이 나이가 들어 눈이 어두워지

고 쇠약해졌을 때, 장자권을 물려주는 자리에서 일어났다. 이삭은 큰
아들 에서에게 장자권을 물려주기 위하여 관습대로 자신이 즐기는
별미를 만들어 오라고 하였다. 에서는 아버지가 즐기는 별미를 만들
기 위해 먼저 사냥을 하러 갔다.

리브가는 남편과 큰아들 사이에 오고 간 모든 이야기를 들어 두었
다가, 에서가 사냥을 하러 간 사이에 둘째 아들 야곱을 불렀다. 리브
가는 들었던 모든 이야기를 야곱에게 하며 "형 대신 장자권을 받을
수 있도록 요리를 해 주겠다." 고 하였다. 그래서 야곱은 염소 떼 중
에서 새끼를 가져왔고, 리브가는 급히 요리를 해서 야곱에게 주었다.

야곱은 눈이 어두운 아버지를 속이기 위해 묘안을 생각했다. 몸에
털이 많은 에서에 비해 털이 없어서 매끈매끈한 야곱은 염소의 털로
목과 손에 둘러 꾸몄다. 그리고 아버지께 요리한 것을 가지고 가서
아버지로부터 장자권을 물려받는 축복 기도를 받았다.

잠시 후, 아무 것도 모르는 에서가 별미를 만들어 이삭에게로 가져
가서 장자권을 물려받는 축복 기도를 기다렸다. 이에 이삭은 깜짝 놀
랐다.

"너는 누구냐, 네가 오기 전에 별미를 만들어 온 아들에게 이미 축
복하였으니 그가 복을 받을 것이다."

이 말을 듣고 에서는 크게 울부짖었다.

"야곱이 전에는 장자의 명분을 빼앗더니 이제는 내가 받을 복까지
빼앗아갔구나!"

이삭의 축복은 비록 기도에 불과한 것이었으나 조상과 가문에 대
한 자긍심이 많은 에서와 야곱에게는 칼부림이 날 정도로 중요한 사
건이었다.

그 일이 있은 후, 에서는 야곱을 죽이겠다는 말을 흘렸고, 리브가는 그 말을 들었다. 리브가에게는 두 아들을 한꺼번에 잃을지도 모른다는 걱정이 몰려왔다. 그래서 야곱을 밧단아람에 있는 오빠 라반의 집으로 보냈다.

후손을 얻기 위해

야곱은 몇 날 며칠을 걸어 밧단아람에 있는 외삼촌 라반의 집으로 갔다. 야곱이 외삼촌의 집에 거의 이르렀을 때, 우물을 하나 보았다. 야곱은 거기서 때마침 양에게 물을 먹이기 위해 양들을 데리고 나온, 외삼촌의 딸 라헬을 만났다.

라헬이 즉시 집으로 달려가 아버지 라반에게 야곱의 소식을 전하였고, 라반은 야곱을 환영하며 자신의 집에 머물도록 했다. 야곱이 한 달 정도 머물렀을 때, 라반이 야곱에게 한 가지 제안을 했다.

"네가 나의 조카이긴 하지만, 나의 일을 거저 할 수는 없지 않느냐. 너에게 어떻게 보수를 주면 좋을지 너의 의견을 좀 들어 보자."

야곱은 라반의 제안을 듣고 한참 동안 생각하였다. 욕심이 많은 야곱은 라반의 많은 양들과 재물이 탐났을지도 모른다. 그러나 동시에 아버지의 유언 같은 부탁의 말이 생각났다.

"이제 곧 밧단아람에 계시는 브두엘 외할아버지 댁으로 가서 외삼촌의 딸 중에서 네 아내가 될 사람을 찾아서 결혼하여라."

그때 야곱은 40세가 넘었지만, 결혼하지 못하고 있었다. 그 이유는 쌍둥이 형 에서처럼 여자들을 끌 수 있는 매력이 없었을 뿐만 아니라, 자신의 정체성이 확립되어 있지 않았기 때문이었다.

에서는 성격이 적극적이었고, 사냥을 잘하며 용맹이 있었다. 그러다보니 많은 염문을 뿌리며 여성들을 데리고 다녔다. 그러나 야곱은 아버지를 닮아서인지 조용하고 과묵하였다. 그는 주로 장막에서 지내며 어머니의 일을 도왔다. 그러다보니 나이가 들도록 여자를 알지 못하였다.

야곱은 자신의 그런 입장을 고려했는지, 라반의 물음에 외사촌 라헬을 위해 7년을 일할 테니 라헬을 아내로 달라고 하였다. 라반의 집에는 레아와 라헬이라는 두 딸이 있었다. 큰 딸 레아는 눈에 생기가 없었으나, 작은 딸 라헬은 용모가 곱고 성격이 활달하였다. 라반은 야곱의 말을 듣고 다른 사람에게 라헬을 주는 것보다 야곱에게 주는 것이 낫겠다고 하며, 라헬을 야곱에게 주겠다고 약속을 하였다.

야곱은 라헬을 매우 사랑했기 때문에 7년을 단 며칠같이 여기며 일했다. 약속한 7년이 지나자 야곱은 라반에게 라헬과의 결혼을 요구하였고, 이에 라반은 동네 사람들을 불러 결혼식을 올리고 축하해 주었다. 그런데 야곱이 결혼 첫날밤을 지내고 보니, 신부가 라헬이 아니라 레아였다.

야곱은 너무 화가 났다. 야곱은 외삼촌이 자신을 속인 것이 옳지 않다며 따졌다. 라반은 "동생을 먼저 결혼시키는 것이 이 지방의 풍속이 아니라서 할 수 없었다." 고 하였다. 양심의 가책을 느낀 라반은 "둘째 딸 라헬도 줄 테니 7일을 먼저 일하고, 그 후에 7년을 더 일하라" 고 하며 달랬다.

형을 속인 대가를 치른다고 생각했는지, 아니면 한 여인을 사랑하는 남자의 집념 때문이었는지, 야곱은 일손이 부족했던 라반의 또 다른 7년 계약을 받아들였다. 야곱이 7일을 채우자, 라반은 야곱에게 라헬도 아내로 주었다. 야곱은 한꺼번에 두 아내를 갖게 되었다. 그리고 아내들은 각각 한 명의 몸종까지 데리고 왔다.

야곱은 아내 둘을 똑같이 사랑할 수는 없었다. 그는 레아보다 라헬을 더 사랑하였다. 라헬의 첫인상은 야곱을 지배하고 있었다. 우물가에서 라헬을 처음 만났을 때, 야곱은 여자의 몸으로 양을 치는 여장부 같은 라헬의 적극적인 성격이 마음에 들었다. 야곱은 라헬의 적극적인 성격뿐만 아니라 미모에도 푹 빠져있었다. 라헬 또한 야곱을 녹이며 사랑을 독점했다.

그러다보니 레아는 남편의 사랑을 받지 못하였다. 그래서 라헬에게서 남편을 빼앗아오기 위해 많은 애를 썼다. 그러나 라헬에게서 남편을 빼앗아오기는 쉽지 않았다. 남편을 서로 차지하려는 두 아내의 전쟁은 날마다 계속되었다. 한 남편을 사이에 둔 자매간의 질투는 인정도, 의리도 없었다.

내성적인 야곱은 한 여인이 독점하려는 사랑에 꽁꽁 매여 있었다. 그렇지만 야곱은 첫째 아내 레아도 전혀 무시할 수는 없었다. 어쩌다 한 번씩 레아와 잠자리를 하곤 했는데, 그 때마다 레아에게는 아이가 생겼다. 레아는 아들을 넷이나 낳았다.

그동안 라헬은 자식을 한 명도 낳지 못했다. 질투가 난 라헬은 여종을 통해서 아이를 낳아 자신을 증명해 보려고 하였다. 라헬은 자신의 여종을 야곱에게 주어 임신하게 하였다. 여종으로부터 아들을 낳은 라헬은 하나님이 억울함을 풀어주셨다고 하며 자신을 증명해 보였다. 그래서 아이의 이름을 재판장이라는 뜻을 담아 '단'이라고 지었다. 여종이 둘째 아들도 낳자, 언니와 경쟁하여 이겼다는 의미로 '납달리' 라고 지었다.

라헬의 방법은 마치 사라가 여종 하갈을 통해 아들을 얻었던 것과 같아 보인다. 여종을 통해서라도 자식을 얻으려는 라헬의 질투심은 언니 레아보다 예쁘고, 야곱의 사랑을 독차지하고 있음에도 불구하고 정작 아이를 낳지 못하는 데서 오는 열등감과 참을 수 없는 고통의 표출이었다.

여종을 통해서 아들 둘을 낳은 라헬의 재빠른 아이디어에 레아도 뒤지지 않았다. 레아도 자신의 여종을 통해서 아들 둘을 낳았다. 그러나 레아가 여종을 통해 아들 둘을 더 낳은 후에도, 라헬은 레아에게 결코 남편을 빼앗기지 않았다. 남편을 통해 아들을 얻으려는 라헬의 열망은 이제 질투의 고지를 점령하고 있었다.

어느 날, 레아의 큰아들 르우벤이 들판에서 만들어 온 합환채*를 레아에게 주었다. 이를 본 라헬은 합환채가 탐이 나서 가지려고 했다. 레아는 라헬에게 "남편을 빼앗은 일이 작은 일이 아닌데 꽃다발까지 빼앗으려 하느냐"며 화를 내었다. 이에 라헬은 꽃다발을 자기가 가지는 대신에 오늘 밤에는 남편과 함께 하라고 말하였다. 레아는 라헬의 말을 좋게 여기고 남편의 사랑을 얻었다. 그날 밤, 레아는 임신하여 다섯째 아들을 낳았다. 그 후 여섯째 아들도 낳았고, 딸 디나도 낳았다.

레아와 여종들이 여러 아이들을 낳는 동안, 라헬은 한 명의 아이도

---

* 재스민 향이 나는 꽃다발, 당시의 사람들은 합환채를 가지면 임신할 수 있다고 믿었다.

낳지 못하여 낙심했다. 언니나 여종들이 아이들을 양육하는 것을 보며 자신에게도 아들이 있다면 어떻게 키울 것인지를 그려보며 많은 생각을 하였다. 어쩌면 라헬은 아이 낳는 것을 포기했을지도 모른다. 그러나 아무리 노력해도 사람의 힘으로는 할 수 없는 것이 생명을 얻는 일이었다.

때를 기다리는 자들의 아픔

믿음의 영웅들을 둘러싼 출생 이야기는 좀 특별한 데가 있다. 위대한 방주를 건설한 노아는 500세가 지나서 셈과 함과 야벳을 낳았다.
"노아는 오백 살이 지나서 셈과 함과 야벳을 낳았다."(창 5:32).
한 줄의 짧은 문장이지만 500년 동안 노아의 고통과 그로 인해 단련된 성품과 믿음이 녹아있는 구절이다. 노아가 500세 후에 낳은 아들들은 당시의 부패한 문화를 좇지 않고, 노아를 도와 방주를 건설했다. 노아의 아들들이 그럴 수 있었던 것은 오랜 세월 동안 노아의 고독이 아들들에게 영성으로 고스란히 전해졌기 때문이다.
이스라엘의 위대한 영웅이었던 사무엘, 그의 어머니 한나도 임신하지 못하여 힘들어했다. 한나는 아이가 없어서 죽고 싶을 정도로 고민에 빠졌다. 당시에는 아이가 여인의 생존의 이유였기 때문에 아이가 없는 한나의 고통은 극에 달했다.
한나의 고통과 간절한 소원은 성전에서 기도하는 모습을 통해 그려져 있다. 한나가 성전에서 얼마나 간절하게 기도했던지, 입술이 떨려 술에 취한 사람의 모습과 같아 보였다. 그래서 제사장이 술을 끊

1. 그 이름을 요셉이라 하니라 23

으라고 말할 정도였다.

그런 몸부림과 기도 가운데 사무엘이 태어났다. 한나는 귀하게 얻은 아들을 자신이 소유하지 않았다. 젖을 떼자마자 아들을 성전에 바쳤다.

당시의 제사장 엘리는 눈이 어두워 분별력이 없었고, 엘리의 아들들은 불량아였지만, 사무엘은 나쁜 교육 환경에 물들지 않았다. 그것은 한나의 맑은 영성이 사무엘에게 전해졌고, 사무엘은 어머니의 깊고 아름다운 인품을 남김없이 받아들였기 때문이다.

아이를 갖기까지 노아나 한나의 고민들이 상세하게 기록되어 있지는 않지만, 긴 기간 동안 수많은 고통과 어려움이 있었을 것이다. 그러나 그들은 긴 시간을 성자처럼 초연하게만 기다리지는 않았다. 고통과 슬픔의 날들을 지나며 하나님을 간절하게 바라보았고, 그럴수록 더욱 신령한 사람으로 변해 갔다.

라헬에게 아이가 없었던 것도 어떤 깊은 이유가 있었을 것이다. 하나님은 라헬을 생각하며 때를 기다렸지만, 라헬에게는 하나님의 생각을 받아들일 마음의 여유가 없었다. 라헬의 마음은 질투심과 갖은 인간적인 생각과 잔꾀로 가득 차 있었다. 그 모든 것은 그녀의 마음에 고통만 더해 줄 뿐이었다. 그녀의 경쟁적인 마음에는 하늘의 평화가 있을 수 없었고, 그래서 늘 광야처럼 황량하고 쓸쓸하였다.

시간이 흐를수록 라헬의 질투심은 점점 줄어갔다. 나이가 들면서 많은 것을 포기했고, 경쟁적인 기질도 조금씩 변해 갔다. 자신의 힘으로는 할 수 없는 것이 많다는 것을 느끼게 되었다. 그러면서 그녀의 마음에 고독이 찾아 왔고, 가난한 자를 사랑하시는 하나님의 은혜가 싹트게 되었다. 하나님이 그때에 라헬을 생각하셨다.

"하나님은 라헬도 기억하셨다 하나님이 라헬의 호소를 들으시고 그의 태를 열어 주셨다."(창 30:22).

라헬의 마음에 긴장이 사라지고 평화가 찾아왔다. 경직되었던 몸도 변화되기 시작하였다. 비록 몸은 늙었지만, 부드러운 마음으로 인해 부드러운 태가 생겨났다. 요셉의 생명은 사랑으로 태어날 준비가 되고 있었다.

좋은 것은 위로부터

야곱은 목표를 이루고자 하는 집념이 강한 사람이어서, 사람들을 속이기도 하고 이용하기도 했다. 야곱의 장인은 그의 이러한 성격을 제대로 이용한 사람이었다. 이에 질세라 야곱도 항상 잔꾀를 생각하며 장인의 재물을 챙기려고 머리싸움을 벌였다.

야곱은 네 명의 아내와 자식들 사이에서도 신경전을 벌이며 살았다. 아내들은 그를 차지하려고 일전을 벌이기가 일쑤였고, 자식들도 그들의 어머니를 따라 싸움에 끼어들었다. 야곱은 아내들과 자식들 가운데 있는 것보다 차라리 광야에서 양을 치는 것이 편했다.

야곱은 복잡한 삶을 살면서 늘 마음이 허전했고, 평안이 없었다. 모든 것들이 인생의 무상함을 느끼게 했다. 아내도, 자식도, 재물도 손에 쥐었지만 공허함은 사라지지 않았다. 원하던 장자권은 얻었지만 가치는 퇴색되어 버렸다. 오히려 그로 인한 허무함이 더해졌다. 사막의 모래 바람과 저녁마다 붉게 물드는 노을도 처량하게만 보였다.

야곱은 지금까지 살아온 삶을 돌아보았다. 그리고 인생이 무엇인지 깊이 고민했다. 외삼촌의 집에 오기 전의 일들이 스쳐 지나갔다. 어머니가 왜 그렇게 자신을 편애했는지, 자신이 왜 장자권에 집착하게 되었는지, 어떻게 하면 형과 화해할 수 있을 것인지 생각해 보았다.

외삼촌의 집으로 오는 길에 벧엘에서 꾸었던 꿈을 생각하며, 하나님이 말씀하였던 약속을 떠올려 보았다. 할아버지 아브라함과 아버지 이삭으로부터 들었던 여호와 하나님에 대해서도 깊이 묵상해 보았다. 세 명의 아내를 통해 열 명의 아들을 얻었는데, 정작 좋아하는 라헬로부터는 아이를 얻지 못한 까닭도 생각해 보았다. 그런 가운데 야곱은 하나님의 의도를 조금씩 알아가기 시작하였다.

어느 날, 라헬이 아이를 낳지 못하는 불만을 터뜨리자, 야곱은 화를 내며 아이를 갖지 못하게 하는 이는 하나님이라고 말했다. 그 말은 비단 라헬에게만 해당되는 말이 아니라 야곱 자신에게도 관련된 말이었다. 야곱은 자신의 힘으로 낳은 열 아들을 보면서 인생을 돌아보았다. 그 이름의 뜻대로 남의 발뒤꿈치나 잡는 사람으로 살아 온 자신의 모습이 부끄러웠다. 이제 그런 삶은 의미가 없어 보였다.

야곱은 90세가 가까워지면서 몸이 점점 수척해져 갔다. 한 많은 삶을 살아온 야곱은 인생을 정리하기 시작했다. 야곱은 조금씩 인자한 모습으로 변해갔다. 마음도 조금씩 부드러워지기 시작했다. 일생 동안 눈에 보이는 것만 추구해 왔지만, 이제는 내면의 세계가 조금씩 느껴졌다. 사랑하는 이를 통해 아이를 얻는 것은 인간의 노력만으로 할 수 없다는 것을 뼈저리게 느꼈다.

고독은 하나님이 찾아오시는 공간이었던가! 야곱은 위로부터 내려오는 은혜를 느꼈다. 라헬을 돌아보시고 태를 여신 하나님이 야곱도 돌아보셨다. 사랑하는 사람들은 서로의 느낌을 잘 감지하고 있었다.

26

부드러워진 두 사람의 사랑으로 요셉을 임신하게 되었다.

은혜로 얻은 아들

라헬은 아이를 낳기에는 힘든 나이에 요셉을 낳았던 것 같다. 라헬이 요셉을 낳을 때의 나이를 야곱과 요셉의 나이를 통해 짐작해 보자.

창세기 47장 28절에 "야곱이 이집트 땅에서 열일곱 해를 살았으니, 그의 나이가 백 마흔 일곱 살이었다." 라고 되어 있다. 이로 보아 야곱이 이집트로 이주할 때의 나이는 130세다.(창 47:9)

요셉의 나이도 상정해 보자. 요셉이 30세에 이집트의 총리가 되어 7년 동안의 풍년을 지냈고, 흉년 2년째에 형제들을 만났다. 그 후, 야곱의 온 가족이 이집트로 이주해 왔다. 이주 기간을 약 1년 정도 잡으면 그 때, 요셉의 나이는 40세 정도가 된다. 그 해에 야곱의 나이가 130세였으니 야곱이 요셉을 낳을 때의 나이는 약 90세 정도가 된다고 볼 수 있다.

물론 성경은 역사적인 연대를 기준으로 기록한 책이 아니므로 위의 계산이 100퍼센트 정확하다고는 할 수 없다. 그러나 '요셉은 야곱이 노년에 얻은 아들'(창 37:3, 44:20)이라는 기록은 이런 짐작을 가능하게 한다.

라헬은 야곱과 나이 차이가 정확히 얼마나 났는지 모르지만, 적어도 60세가 넘어서 요셉을 낳았다고 추측해 볼 수 있다. 야곱이 적어도 40세가 넘어서 밧단아람에 도착했는데, 그때 라헬이 아리따운 처녀였으니 20세 전후라고 생각해 볼 수 있다. 야곱과 라헬의 나이 차이가 20세 정도라면 라헬은 70세 전후에 요셉을 낳은 것이 된다.

나이 많은 라헬은 아이를 낳을 때에 두려웠을 것이다. 그 때, 야곱은 라헬에게 할머니 사라가 90세에 아버지 이삭을 낳은 이야기를 해주었을 것이다.

야곱은 요셉을 낳고 새로운 각오를 했다. 노력이 아닌 은혜로 얻은 아들이었던 만큼 은혜로 키우고 싶었다. 은혜로 얻은 아들은 다른 열 아들과는 다르게 키우고 싶었다. 열 아들을 키우면서 겪었던 시행착오는 더 이상 반복하고 싶지 않았다.

야곱은 열 아들을 키우면서 자신의 이름의 의미인 발뒤꿈치를 잡는 기술을 그대로 배우는 것을 보았다. 열 아이들에게 비록 여호와 하나님 이야기와 하얀 가짓말을 했지만, 열 아들들은 자신들이 스스로 이해한 방식으로 받아들였으며 또 다른 야곱으로 자랐다.

나중에 큰아들 르우벤은 라헬의 여종이자 단과 납달리의 어머니인 빌하까지 간음하는 대범함을 보였다. 둘째 아들과 셋째 아들은 할례라는 속임수로 세겜 족속을 속여 칼로 잔인하게 죽이고, 재물을 약탈하여 자신들의 분을 삭이는 잔혹한 인물이 되었다.

이 모든 것은 어린 시절에 형성된 성격의 영향이었다. 야곱은 뒤늦게 그것을 알았지만, 다 자란 아들들의 인성을 바로 잡기에는 너무 늦었다. 물론 자녀들의 나쁜 모든 것이 야곱으로부터 말미암은 것은 아니다. 하지만 야곱은 자식들이 어릴 때, 나쁜 물에 들지 않게 하는 백신(vaccine)을 주지 못한 책임이 있다. 집에서 영양이 결핍된 아이들이 밖에서 허기를 채우듯이, 집에서 정신적인 양분을 받지 못한 야곱의 자식들은 세상의 것을 다 섭취해 버렸다.

야곱은 자식 교육에 대한 아픔과 어려움이 있었기 때문에 제3의 삶

에서 얻은 요셉에 대한 사랑은 달랐다. 겉으로 보기에는 여전히 술수를 버리지 못한 부분도 있었지만, 그의 내면은 더 이상 남의 발뒤꿈치를 잡는 사람이 아니었다. 남은 인생은 보이는 것을 쌓기보다는, 보이지 않는 유산을 만들며 살고 싶었다. 하나님의 약속을 되새기며 은혜로 살고 싶었다. 노년에 얻은 아들에게는 은혜를 전해주고 싶었다.

야곱의 변화된 인격은 알게 모르게 요셉에게 전달되고 있었다.

기념비적인 아이

야곱은 요셉을 낳고 영적인 기념비를 만들고 싶었다. 그는 요셉의 출생을 은혜의 계시로 받아들였다. 창세기는 야곱이 밧단아람을 떠나 고향으로 돌아가려고 결심했을 때가 바로, 요셉을 얻은 때였다고 기록한다.

"라헬이 요셉을 낳은 뒤에 야곱이 라반에게 말하였다. 제가 고향 땅으로 돌아갈 수 있도록 저를 보내 주십시오."(창 30:25).

야곱은 밧단아람을 떠나 고향으로 돌아가는 길에 깊은 영적체험을 하였다. 얍복 강에 도착했을 때, 형 에서가 자신을 죽이려고 400인을 데리고 온다는 소식을 듣고, 아내들과 자식들과 모든 소유들은 얍복 나루를 건너게 하고 자신은 혼자 남았다. 위급했던 그는 깊은 기도에 빠졌다. 그 가운데 천사를 만나서 밤새도록 씨름하다가 환도뼈가 부러졌다. 이 사건으로 야곱은 절름발이가 되었으나, 영적인 분별력은 더욱 예리해졌다.

고향으로 돌아오는 길에 베들레헴에 거의 이르렀을 때, 라헬에게

산기가 있었다. 라헬은 산고가 너무 심하여 자신이 죽을 줄 알고 아이의 이름을 '베노니' 즉, 슬픔의 아들이라고 지었다. 야곱은 라헬의 죽음을 떠올리기 싫어서인지 아이의 이름을 오른손의 아들이라는 뜻인 '베냐민'으로 바꾸어 불렀다.

야곱은 라헬이 숨을 거두자 베들레헴에 묻었고, 비석을 만들어 표시해 두었다. 이후에라도 그 곳을 찾아 애도하기 위해서였다. 제일 사랑하는 아내를 잃은 남편과 어머니를 잃은 아들은 무언의 언약을 맺었다.

그 후, 야곱은 자신의 좋은 유산을 요셉과 베냐민에게 쏟으려고 했다. 다른 열 아들에게 주었던 사랑이 야곱의 사랑이었다면, 요셉과 베냐민에게는 얍복 강에서 천사와 씨름하면서 얻은, 새로운 이름인 이스라엘(하나님과 겨루어 이긴 자)의 사랑을 주고 싶었다. 무엇보다도 할아버지와 아버지로부터 물려받은 믿음을 전해주고 싶었다.

야곱은 할아버지 아브라함, 아버지 이삭으로부터 물려받은 장자권을 가장 든든하고 뿌리 깊은 아들에게 물려주고 싶었다. 아브라함에게는 이삭 외에도 많은 자식이 있었는데, 이삭 외의 자식들은 먼 곳으로 보냈다. 그것은 이삭이 장자로서의 역할을 수행하는데 걸림돌이 되지 않도록 하기 위해서였다. 야곱은 그것이 무엇을 의미하는지 알고 있었다. 또한 아버지 이삭이 비록 에서를 좋아했지만, 자신에게 장자권을 물려준 이유도 알았다.

야곱이 고향에 돌아왔을 때, 요셉은 외롭게 지낼 수밖에 없었다. 형들은 그들의 어머니와 함께 지냈는데, 요셉은 어머니 없는 텐트에서 동생과 함께 쓸쓸하게 지냈다. 그 쓸쓸한 자리에는 야곱의 진한 사랑이 함께 하였다.

해가 지면 이내 어두워지는 중동의 깊은 밤에, 야곱은 요셉에게 많은 이야기를 들려주었다. 그런 가운데 외로운 요셉의 마음에는 신령한 사랑이 싹트고, 비전이 생겨나기 시작했다. 어머니가 없어서 텅 빈 요셉의 텐트는 그렇게 은혜와 사랑으로 채워지고 있었다.

화려한 색깔로만 좋은 그림이 되는 것은 아니다

열심히 사는 것과 잘 사는 것은 구별된다. 빨리 가는 것과 바르게 가는 것도 구별된다. 겉으로 보기에는 열심히 살고, 빨리 가는 것이 좋아 보이지만, 결정적인 어려움이 있을 때는 아무런 힘을 발휘하지 못할 때가 많다. 대부분의 어려움은 열심히, 빨리 하고자 하는 목적이 우세할 때에 일어난다.

그것이 야곱의 삶이었다. 야곱은 날 때부터 형의 발뒤꿈치를 잡고 태어난 의지의 사람이었다. 그의 본성은 살면서 점점 드러났다. 둘째 아들의 불리함을 변장으로 극복하였고, 꾀를 발휘해 재물을 늘렸다.

야곱만 그런 경험을 한 것이 아니다. 날 때부터 눈이 빼어나게 예쁘고 생기발랄한 라헬도 마찬가지였다. 그녀도 둘째 딸로 태어났지만, 언니 레아를 앞섰다. 남편을 독차지하였고, 여종을 통해 아들들을 낳아 대리 만족을 얻으려 했다.

그러나 그들이 열심히 살았고, 남보다 빨리 나아가 눈에 보이고 손에 잡히는 것은 얻었지만, 진정한 평안은 얻지 못했다. 그렇게 살아온 그들의 삶에는 더 나빠진 인간관계와 마음속에 늘 끓어오르는 질투와 공허감이 있을 뿐이었다.

그들은 인생의 말년이 되어서야 무엇이 귀하고, 무엇이 헛된 것인지를 깨닫기 시작했다. 눈에 보이고, 손에 잡히는 것으로는 진정한 만족을 얻을 수 없다는 것을 느꼈다. 마음이 가난한 자가 복이 있다는 것을 뒤늦게 깨달았다.

인생이란 무엇인가. 그것은 슬픔과 기쁨, 아픔과 평안이 조화를 이루어 만들어진 한 폭의 그림과 같다. 몇 가지 화려한 색깔만으로는 훌륭한 그림이 되지 않듯이, 인생도 신작로만 달려서는 훌륭하게 되지 않는다. 돌밭 길을 가며 훈련을 받아야 하나님의 사람이 된다. 훈련의 과정을 밟지 않은 사람은 인간적인 의지만 강한 사람이다. 그들은 강철 같은 의지를 가진 사람이어서 여간해서 구부리기 힘들다. 그래서 다른 사람이 겪지 않는 어려움을 겪거나 쓰러지기도 한다.

하나님의 사람은 그런 고통을 자처하며 아픔을 겪는다. 때로는 실수하여 울기도 하고, 때로는 상처를 받아 아파하기도 한다. 그러나 실수와 상처는 인생을 바르게 보게 하고, 견디게 하며, 인생의 노래를 만들어내게 한다. 그들의 노래를 이해하거나 들어주는 사람은 없지만, 그들은 시인의 운명을 타고 났다고 여기며 아픔을 노래한다.

그러는 가운데 그들은 위대한 분의 손에 사로잡힌다. 그렇게 잡힌 사람은 세상이 모르게 지어져 간다. 자신을 위한 도구가 아니라 주인의 쓰임에 합당한 도구로 연단되기 시작한다. 그런 삶이 아름다운 삶이리라. 아프지만 슬프지 않고, 외롭지만 기쁘며, 수수하지만 초라하지 않은 삶, 그것이 진정한 인생이 아닐까. 그 가운데 뜻하지 않은 새 아들의 선물도 있으리라.

2. 순종, 힘과 **지혜**의 기초

야곱의 족보는 이러하니라 요셉이 십칠 세의 소년으로서 그의 형들과 함께 양을 칠 때에 그의 아버지의 아내들 빌하와 실바의 아들들과 더불어 함께 있었더니 그가 그들의 잘못을 아버지에게 말하더라(창 37:2).

요셉의 어린 시절을 찾아서

어린 요셉은 아버지와 함께 할아버지가 계신 헤브론으로 왔다. 그곳이 아버지의 고향이긴 하지만 요셉에게는 낯선 곳이었다. 더구나 어머니를 잃은 지 얼마 되지 않아 요셉은 더욱 외롭고 쓸쓸했다. 그런 어린 시절에 요셉은 누구로부터 배우며 자랐을까.

성경에는 많은 영웅들이 나오지만 그들의 어린 시절에 대한 기록은 거의 없다. 이삭의 어린 시절이 조금 기록되어 있으나, 어린 시절을 다 알기에는 부족하다. 이삭이 모리아 산에서 제물로 드려지는 기록인데, 그 때의 이삭의 나이는 정확하게 알 수 없고, 다만 나뭇짐을 질 수 있는 정도의 나이로 짐작해 볼 수 있을 뿐이다. 성전에서 하나님의 음성을 듣는 사무엘의 어린 시절도 조금 언급된다. 그러나 그것만으로는 사무엘의 어린 시절을 다 알 수는 없다.

성경은 영웅들의 어린 시절을 구체적으로 다루지 않았다. 그 이유는 성경이 영웅을 만드는 방법을 가르쳐 주는 책이 아니라, 계시를 통하여 진리를 깨닫게 해 주는 책이기 때문이다. 성경은 논리를 따져서 정보를 얻는 책이 아니므로, 침묵의 언어를 통해 깊이 생각하며 읽어야 한다. 성경에는 많은 부분이 생략되어 있지만 사려 깊은 독자들은 영으로 읽으며 참 지혜를 얻는다.

요셉의 어린 시절도 감추어져 있다. 그러나 침묵의 언어를 이해한다면 요셉의 어린 시절을 짐작할 수 있다. 요셉에 대한 어떤 기록도 단서가 될 수 있다. 능력 있는 수사관은 신발 한 짝만 가지고도 결정적인 단서를 얻듯이, 요셉의 어린 시절을 알아내는 것도 마찬가지이다. 여러 가지 단서들 이를테면, 요셉의 조상들, 부모나 형제들, 주변의 환경들을 통해 요셉의 어린 시절을 찾을 수 있다.

순종과 지혜의 아이 예수

요셉의 어린 시절을 생각해 보기에 앞서 복음서에 기록된 예수의 어린 시절을 먼저 살펴보며 관점을 넓혀보자. 예수의 어린 시절은 누가복음의 한 사건을 통해서만 암시를 얻을 수 있다. 누가는 예수의 어린 시절을 많은 사건에 걸쳐 자세히 연구한 것 같다.(눅 2:40-52) 그러나 누가는 한 사건으로만 구세주의 어린 시절을 처리하였다.

2,000여 년 전, 예수와 그의 부모는 유월절을 맞이하여 예루살렘으로 올라갔다. 그들이 예루살렘에 몇 번 갔는지는 분명히 모르지만, 한 번 이상은 방문했을 것이다. 예수가 12세 되던 해에 있었던 방문

은 좀 특별했다.

예수의 부모는 예루살렘에서 예배를 마치고, 이웃 사람들과 함께 고향으로 돌아가고 있었다. 예수의 부모는 아이 예수가 친척이나 아는 사람들과 함께 따라올 것으로 생각하며 하룻길을 갔다. 그런데 예수는 친척들 속에도, 아는 사람들의 무리 가운데도 없었다.

예수는 예루살렘에 남아서 선생들에게 묻고 답을 하면서 시간을 보내고 있었다. 일상적인 일정을 의식하지 못할 정도로 진리에 대한 궁금증이 많았던 것 같다. 그의 궁금증은 또래들과 무리지어 다니는 것도 잊게 하고, 부모가 걱정할 것이라는 생각조차도 잊게 했다.

기록자 누가는 선생들과 이야기하는 예수의 모습을 아이들로서는 당돌한 것 같은 표현으로 기록하고 있다.

당시에는 아이와 어른의 차별이 심했다. 그러므로 아이 예수가 예루살렘의 유명한 선생들에게 질문을 하며, 답을 했다는 것은 보통 아이들로서는 할 수 없는 일이었다.

예수는 모세와 선지자의 글을 통해서 읽은 내용과, 성전에서 제사장이 말하는 내용 사이에 있는 불일치를 느끼고 이를 해결해 보려고 했던 것일까. 누가는 이 사건을 통해 아이 예수가 성경을 탁월하게 이해했던 점을 강조하고 있다.

사흘 뒤에야 아이를 되찾은 예수의 부모가 아이를 나무라자 예수는 대답했다.

"내가 내 아버지의 집에 있어야 할 줄을 알지 못하셨습니까?"

그의 대답은 정확한 말이지만, 관습적으로 보면 예의가 없는 것처럼 보인다. 그가 어려서 대화술이나 사교술이 부족했을까. 아니면 순진하고 정직한 아이가 스스로 성경에서 배운 확신이었을까. 예수의 양친은 예수의 대답의 뜻을 알지 못했다.

그 후, 예수는 부모와 함께 나사렛으로 내려갔다. 누가는 그 후의 예수의 삶을 한 절로 그렸다.

"예수는 부모와 함께 내려가 나사렛으로 돌아가서, 그들에게 순종하면서 지냈다."(눅 2:51).

그 다음 절인 52절은 사람들이 즐겨 암송하는 구절이다.

"예수는 지혜와 키가 자라고 하나님과 사람에게 더욱 사랑을 받았다."

누가는 이 두 구절을 통해 예수의 순종과 지혜의 관계를 암시하려고 했다.

아이 예수는 총명하므로 어른들을 놀라게 하면서도 넘치지 않았고, 주변 사람들에게 사랑을 받았다. 집에서는 부모의 말을 거스르지 않으면서도 자신의 독특한 영적인 과정들을 밟아가고 있었다. 때때로 부모나 어른들이 이해하지 못하는 부분도 있었지만, 결코 그들을 무시하지 않았다.

가문에 흐르는 순종의 정신

요셉의 어린 시절로 되돌아가 보자.

요셉은 흠이 없었던 예수의 모습과 유사한 순종과 지혜가 어우러진 어린 시절을 보냈다. 요셉은 어머니가 없이 지냈지만, 아버지 야곱의 진한 사랑과 순종의 정신을 받으며 자랐다. 요셉은 야곱이 영적으로 변화를 겪고 난 후의 사랑과 순종의 정신을 받았기 때문에, 순종하는 아이로 자랄 수 있었다. 요셉의 순종의 정신은 야곱으로 말미암은 것이지만, 할아버지 이삭을 거슬러 올라가 증조할아버지 아브라함에서부터 기초가 놓여진 것이다. 요셉에게 대를 이어 내려온 순종의 정신은 과연 어떤 것이었는지 그의 가문에 녹아있는 순종의 뿌리를 찾아보자.

요셉의 증조부 아브라함은 믿음의 조상으로 널리 알려져 있다. 아브라함이 얻은 믿음의 조상이라는 이름은 한 날에 갑자기 얻은 것이 아니라, 파란만장한 삶의 과정을 거친 후에 얻은 것이다.

어느 날, 아브라함은 정든 고향과 친척을 떠나라는 하나님의 음성을 들었다. 이에 아브라함은 여호와의 말씀에 순종하여 가나안 땅을 향해 떠났다. 이 내용은 간단한 이야기 같지만 말처럼 간단한 일이 아니다. 하루아침에 정든 고향을 떠나는 일은 쉬운 일이 아니다. 그것도 갈 곳이 정확하게 어딘지도 모른 채 떠난다는 것은 더욱 그렇다. 그러나 아브라함은 주저하지 않았다.

아브라함이 고향을 떠날 때에 어떤 믿음을 가졌던 것일까. 당시에는 전쟁이 빈번하여 언제, 어떻게 죽을지도 모르는 환경이었다. 이런 이유로 작은 족속들은 그들끼리 협약을 맺어서 지냈다. 아브라함은 안전보장도, 정보도 없이 떠났다. 아브라함에게는 비장의 무기가 있었기 때문이었다. 아브라함은 고향을 떠나서는 무역을 하였고, 종을 부리며 군대를 통솔하여 전쟁에서 승리했다. 특별히 짧은 기간 안에 많은 재산을 모으고 개인 군대까지 소유했으며 주변의 사람들로부터 존경을 받았다.

이 모든 것은 생존에 대한 특별한 지혜로 인한 것이었다. 그것은 아브라함만이 가진 지혜였다. 아브라함은 이 지혜를 아들 이삭에게 전수하였다. 성경은 아브라함이 이삭에게 어떤 종류의 지혜를 물려 주었는지 직설적으로 기록하지 않고 있다.

아브라함은 사라 외의 여자의 몸에서 난 자식들에게 재물을 주어 모두 먼 곳으로 보냈다. 이런 점으로 보아 이삭에게는 재물보다 귀한 것을 물려 준 것으로 생각할 수 있다. 이삭은 아브라함에 비하면 세력과 지혜가 적었지만, 무시하지 못할 힘을 가지고 있었다. 한 족속의 왕인 아비멜렉이 화친을 요청할 정도로 힘이 있었다. 그 힘이란 사막에서 중요한 물을 얻을 수 있는 샘을 찾는 기술이었다.

아비멜렉의 족속 중에서는 샘을 찾는 기술을 가진 자가 없었다. 그래서 아비멜렉은 종들을 시켜 우물을 약탈했다. 그러나 약탈로 우물을 소유하는 데는 한계가 있었다. 아비멜렉은 이삭과 화친하는 방법이 가장 좋은 방법이라는 것을 깨닫고는 이삭에게 화친을 요청했다.

이삭은 샘을 찾는 기술을 어디에서 배웠을까. 과학 장비도 없던 시대에 이삭은 어떻게 물의 근원을 찾고, 줄기를 따라 샘을 찾았을까. 샘을 찾는 기술은 가르쳐준다고 쉽게 배울 수 있는 것이 아니다. 장비도 없이 보이지 않는 땅 밑의 물줄기를 아는 것은 신비에 가까운 일이다. 어쩌면 그 기술은 신적인 은사인지도 모른다.

이삭은 샘을 찾는 기술을 아브라함으로부터 전수 받았다. 아브라함으로부터 물려받은 지혜 속에 그 기술이 있었다. 그러면 어떻게 신기(神技)에 가까운 기술을 배울 수 있었을까.

이삭은 어린 시절에 참으로 순종하는 아이였다. 이삭은 하갈의 아들 이스마엘이나 아브라함이 다른 여자로부터 낳은 아들과는 달랐다. 이삭은 아버지 아브라함을 이해했고, 하나님을 믿고 알았다. 십대의 나이에 자신의 몸이 제물로 드려져도 순종할 정도로 질서가 잡혀 있었으며, 죽음과 부활의 경험을 통해 하나님의 지혜를 깨달은 아이였다.

이삭은 어른이 되어서도 여전히 질서와 순종의 사람이었다. 그는 40세가 되어도 그 흔한 가나안 여인 하나 취할 줄 모르는 순둥이였다. 그러나 하나님의 때를 기다릴 줄 아는 고요의 사람이었다.

성경에는 아브라함의 종 엘리에셀이 이삭의 신부가 될 리브가를 데리고 올 때까지 기다리고 있는 이삭의 모습이 그려져 있다. 이처럼 이삭은 시와 때를 아는 사람, 법칙에 순종하는 사람이었다. 그러므로 물이 흘러가는 물길(法)*을 볼 수 있었다.

이삭은 샘물을 파는 기술을 누구에게 전수했을까. 일찍이 가나안 미녀들과 염문을 뿌리며 다니던 큰아들 에서는 사냥하는 기술은 있었지만, 물이 흐르는 길을 배울 만큼 고요함은 없었다. 그렇지만 둘째 아들 야곱에게 줄 수도 없어 머뭇거렸다. 어느 날, 두 형제는 장자권 문제로 다투었고, 야곱은 아버지 곁을 떠나고 말았다. 어쩌면 이삭은 그 기술을 아무에게도 전수하지 못하고 있었는지 모른다.

아브라함과 이삭은 순종의 사람이었다. 그들은 자신의 의지로 살지 않았고, 물이 흐르는 길(法)을 따라 살았다. 그들은 일반적인 상식이나 유행을 따르지 않았다. 세상의 지혜나 경험을 의지하지도 않았다. 그들은 가진 잔꾀를 버리는 시행착오의 과정을 거친 사람들이었다. 그러므로 자신을 부인하고 하나님의 인도를 따를 수 있었다.

....

* 법(法)은 水와 去가 합쳐져서 만들어진 한자어로 물처럼 흐르는 것을 의미한다.

한편 그들은 지나치게 어리석을 만큼 순진한 면도 있었다. 아브라함은 아내를 두 번이나 누이라고 속이고, 그의 몸을 보호한 적이 있다. 이삭도 그의 아버지처럼 아내를 누이라고 속인 기록이 있다. 그들이 아내를 누이라고 속인 것은 자신들이 가진 솔직한 판단 때문이라고 생각해 볼 수 있다. 당시의 상황에서는 그것이 최선이었다. 전략적인 후퇴는 용감한 공격 못지않게 유용한 것처럼.

그들은 자신의 기질을 극복했기에 만용을 부리거나, 지나친 적개심을 가지지 않았다. 그들의 행동을 합리화하려는 것은 아니다. 그들의 순종적인 자세가 그런 특징을 갖게 할 수도 있다는 것이다.

텐트에서 배운 비밀

노인이 된 이삭이 아브라함으로부터 물려받은 순종과 지혜의 정신을 물려줄 때가 되었다. 이삭이 야곱에게 장자권을 물려줄 때는 눈이 어두워 사람을 구별하지 못했다. 아마 그때 그의 나이는 100세 전후였을 것이다. 이후에 이삭이 어느 정도 시력을 되찾았는지는 모르지만 장수했다. 이복형제 이스마엘은 137세에 죽었고(창 25:17), 아내리브가도 죽었지만, 이삭은 죽을 수가 없었다. 아직 약속을 물려줄 후손을 찾지 못했기 때문이었다. 비록 장자권이 형식적으로는 야곱에게 갔지만, 영적인 내용은 상속하지 못했다. 그에게는 아직 남은 사명이 있었다.

이삭의 말년에 아들 야곱이 헤브론으로 돌아왔다. 히브리서 11장에 이삭과 야곱이 장막에서 살았다고 기록되어 있는데, 그것은 그들이 허술한 텐트에서 찬란한 믿음의 비밀을 나누며 지냈다는 것을 말한다. 이삭은 고향에 돌아온 야곱과 함께 살면서 죽기 전까지 영적인 소망을 나누며, 믿음의 깊은 비밀들을 나누었다.

이삭은 야곱뿐 아니라 손자인 요셉에게도 하늘의 비밀스러운 지혜를 들려주었다. 눈은 어두워져 보이지 않았지만 영안은 밝았던 180세가 다 되어가는 노인은 손자인 요셉에게 하늘의 보화와 같은 이야기, 비밀 같은 언약들, 자신이 순종해서 얻은 영적인 경험들을 고스란히 들려주었다.

요셉은 이삭이 들려준 믿음의 이야기로 지혜를 쌓아갔다. 마치 설교의 황태자 스펄전이 할아버지와 지내면서 할아버지의 지혜를 얻은 것처럼, 요셉도 눈이 어두운 할아버지를 통해 진귀한 것을 배웠다. 요셉은 야곱의 다른 아이들에 비해서 이삭의 이야기를 믿음으로 잘 받아들였다. 은혜의 아들 요셉은 이집트로 팔려가기 전까지 이삭과 함께 지내면서 이삭의 순종의 정신을 배워 이삭의 인격과 지혜를 닮아갔다.

아브라함을 거쳐 이삭, 야곱, 요셉까지 한 가문에 흐르는 순종의 정신을 살펴보았다. 가문은 한 사람의 뿌리이다. 누구든지 자신의 가문에 어떤 형식으로든 뿌리를 내리고 있다. 그 토대 위에서 어떤 사람은 훌륭하게 되기도 하고 그렇지 않기도 한다.

훌륭한 사람의 대부분은 지혜로운 방법으로 자신의 가문을 이해하여 가문에 깊이 뿌리를 내리고 있다. 그러나 좋은 가문의 혜택을 받지 못했던 사람이라도, 하늘의 지혜로 가문을 새롭게 하여 좋은 가문의 기초를 놓을 수 있다.

참 지혜를 실을 수 있는 기초 체력

무술이나 운동에서 가장 중요한 것은 기초 체력을 기르는 일이다. 운동을 하는 사람이라면 기초 체력을 기르는 일이 어떤 것보다 중요하다는 것은 다 알고 있다. 그러나 실제로 기초 체력을 기르는 일은 쉽지 않다. 기초 체력보다는 고난이도의 기교와 재주를 배우려는 욕심이 더 앞서기 때문이다. 경기에 있어서 기본기를 갖추어 게임하기보다는, 이기기 위해서 반칙이라도 하고 싶은 유혹이 생길 때가 많다.

훌륭한 코치는 진정한 실력이 무엇인지 알기에 자만을 용납하지 않는다. 무술 영화를 보면 무술에 입문하는 아이에게 오랫동안 청소하는 일과 물 긷는 일을 시킨다. 그 일은 무술과 전혀 관계가 없어 보이는 일이다. 그러나 반복적인 허드렛일을 시키는 스승은 깊은 뜻을 가지고 있다. 그 일을 통하여 기초 체력은 물론, 마음의 태도까지 바꾸어 무술을 위한 기본 정신을 길러 주는 것이다.

운동이나 무술에서 힘과 기술은 올바른 정신과 태도에서 비롯된다. 바른 자세는 자신의 습관을 교정하기 위하여 오랫동안 자기를 부인하며 훈련하는 과정에서 형성된다. 이런 원리는 비단 운동이나 무술에만 해당되는 것이 아니라, 학문이나 예술에도 해당되는 원리이다.

어릴 때, 가장 중요한 교육은 많은 지식을 쌓게 하는 것이 아니라, 지식을 실을 수 있는 기초 심력을 배양하는 것이다. 기초 심력이란 진리에 대한 순종이며, 참 권위에 대한 경외심이다. 이는 아이가 가장 먼저 만나는 부모에게 순종하는 일에서부터 시작된다.

십계명에서 네 부모를 공경하라는 명령은 단지 가족제도를 위한 방편만이 아니라, 모든 원리를 배우는 기초 체력과 같은 것이다.

약속의 자손인 요셉은 어릴 때에 지혜를 실을 수 있는 기초 체력의 훈련이 있었다. 이런 심력은 그의 인생의 뿌리를 깊게 하여 어떤 바람에도 넘어지지 않도록 했다.

흐르는 법(法)을 따라 배운 지혜

요셉은 순종의 훈련을 통해 인생의 원리를 터득해 나갔다. 그가 터득한 원리들을 살펴보기 전에 앞서 살펴보았던, 예수의 어린 시절에 이어 청년 시절에 대해서도 생각해 보자.

예수는 시골에서 자랐다. 아버지를 일찍 여의었기 때문에 가정을 책임져야 했다. 그리고 경제적인 형편이 넉넉하지 못했으므로 정규적인 과정을 밟으며 공부할 기회도 없었다.

그러나 그는 지혜로웠으며 용기 있는 사람이었다. 그의 지혜는 자신이 스스로 만들어 낸 지혜가 아니었다. 말씀을 묵상하는 가운데 얻은 지혜였으며, 원리를 따르는 가운데 얻은 지혜였다.

예수가 지혜를 가질 수 있었던 가장 큰 이유는 순종에 있다. 그는 서두르지 않고 시간에 순종할 줄 알았다. 때가 찼다고 생각하면 어머니와 형제들의 만류에도 불구하고 성령에 순종했다. 자신이 말할 때를 알았고, 침묵할 때를 알았다. 휴식할 때에는 때는 폭풍 속에서도 깊은 잠을 잘 정도로 평안을 유지하였다.

예수는 사역도 하나님의 때에 순종하며 했다. 제자들이 숨지 말고

공개적으로 일하자고 할 때에, 자신의 때가 이르지 않았다고 했고, 가나에서 있었던 결혼 잔치에서 물로 포도주를 만드는 기적을 행할 때에는 하나님의 때가 되었다고 했다.

그는 원고도, 성경도 갖고 있지 않았지만 권위 있게 설교했다. 이는 자신이 늘 강조한 대로 하나님께 순종하여 말씀의 질서와 체계를 터득했기 때문이다. 말씀의 위력은 권위를 주신 분에 대한 순종의 마음에서 나타난 결과였다. 그러므로 귀신들도 사람의 아들에게 순종하여 물러갈 수밖에 없었다.

그는 죽을 때가 되자 기꺼이 몸을 드린, 털 깎는 자 앞에서 잠잠한 하나님의 어린 양이었다. 그는 십자가를 짐으로 순종이 무엇인지를 그림같이 보여 주셨다.

어릴 때부터 순종의 정신을 배우며 자랐던 요셉도 더욱 지혜가 깊어갔다. 그 지혜로 사물과 인간 정신의 흐름을 관찰할 수 있었다. 자라면서 그 물줄기는 더욱 깊어졌다. 요셉은 형들과는 더 이상 어울릴 수 없었다. 형들은 아버지 몰래 나쁜 일을 많이 했다. 큰 형은 아버지의 첩을 통간하기까지 했고, 둘째와 셋째 형은 세겜 족속을 몰살시켜 약탈하기도 했으며, 다른 형제들도 나쁜 일들에 동참했다. 형들은 함께 하지 않는 요셉을 놀리며 비아냥거렸다. 그러나 요셉은 할아버지와 아버지로부터 물려받은 순종의 정신은 버리지 않았다.

요셉은 매우 순진(순종)했기 때문에, 따돌림을 당하고 놀림을 받더라도 흐르는 법(法)을 따라 사는 것이 편했다. 세상은 진리의 길을 따라 사는 사람보다는 적당히 타협할 줄 알고, 불의를 보고도 눈감아 줄 수 있는 사람을 융통성이 있다고 칭찬한다. 그러나 그런 사람은 삶의 토대가 없으므로 언젠가는 무너지고 만다. 기초가 튼튼했던 요셉은 의를 위하여 핍박을 받는 것을 마다하지 않았다. 그에게는 경쟁 사회에서 살아남기 위하여 적당히 요령을 부리는 사람들과는 질적으로 다른 무엇이 있었다.

비밀스런 모사(謀士)를 발견하라

만물은 창조주의 법 안에서 흐른다. 겉으로 보기에는 만물이 흐르지 않거나 불규칙하게 흐르는 것 같지만, 언제나 창조주의 법 안에서 질서를 따라 흐른다. 그 흐름을 배우고 이해하는 것이 학문이다. 경제학은 유한한 자원을 사용 용도에 맞게 적당하게 분배하는 원리를 찾는 학문이다. 정치학은 권력과 인간의 관계를 연구하여 상호 교통하게 하는 학문이다. 물리학은 만물의 운동 상태를 탐구하는 자연과학이다.

학자들은 학문을 통하여 세상에 흐르고 있는 법칙을 발견한다. 물리학자들이야 말로 가장 일반적인 법칙의 흐름을 발견할 수 있는 사람들이다. 창조주의 통치의 흐름을 아는 사람은 가장 지혜로운 학자이다. 창조주의 통치의 흐름을 아는 사람은 다양한 형식으로 나타난 많은 법들이 어떻게 흐르는지를 배운다.

그들은 하나님으로부터만 배울 수 있는 진리의 가장 핵심적인 법, 즉 존재와 인류에 대한 법을 따라간 사람이다. 이 법을 따라간 사람을 순종의 사람이라고 한다. 그들은 인간의 잔꾀를 극복하며 거룩함을 경험하였다. 이들이 곧 믿음의 영웅이다. 성경은 순종을 보여주기 위해 교리나 설명을 사용하지 않고 순종의 사람을 출연시켰다. 순종의 사람이 어떻게 살았는지 무대 위에 올려 직접 보여주고 있다.

　순종의 사람이 가졌던 순종은 지식을 얻기 위한 기발한 방법이 아니다. 세상의 변질된 지혜를 극복할 수 있는 세상이 알지 못하는 신령한 힘이다. 순종은 방법이 아니라 인격이며 정신이다. 먹어도 살찌지 않고, 많이 가져도 무겁지 않은 비밀스러운 모사(謀士)이다. 그것은 순종의 사람과 오랫동안 대화를 나누는 가운데 발견할 수 있는 하늘의 선물이다.

3. 꿈의 법칙

요셉이 다시 꿈을 꾸고 그의 형들에게 말하여 이르되 내가 또 꿈을
꾼즉 해와 달과 열한 별이 내게 절하더이다 하니라(창 37:9).

꿈꾸는 아이

요셉은 자라면서 꿈을 자주 꾸었다. 어느 날, 그는 몽조가 있는 꿈
을 꾸었다.

'요셉과 형들이 들에서 곡식 단을 묶고 있는데 갑자기 요셉의 단이
일어났다. 그러자 형들의 단이 요셉의 단에 둘러서서 절을 하였다.'

요셉은 꿈을 꾸고 너무나 이상한 꿈이어서 혼자만 간직할 수 없었
다. 요셉이 형들에게 꿈 이야기를 하자, 형들은 요셉을 비웃었다.

"네가 우리의 왕이 될 작정이냐? 네가 우리를 지배하겠느냐?"

요셉은 다시 꿈을 꾸었다. 해와 달과 열한 개의 별이 요셉에게 절
하는 꿈이었다. 요셉은 형들뿐만 아니라 아버지에게도 이야기를 하
였다. 그 이야기를 들은 아버지는 요셉을 꾸짖었다.

"나와 네 어머니와 네 형들이 정말 네 앞에 가서 땅에 엎드려 절하

겠느냐?'

성경에는 요셉이 꾼 꿈을 두 번만 이야기했지만 아마 요셉은 그보다 더 많은 꿈을 꾸었고, 자주 꿈 이야기를 한 것으로 보인다. 요셉의 형들은 이런 요셉을 '꿈꾸는 자'라고 놀렸다.

성경은 왜 꿈의 책인가

성경에는 요셉뿐만 아니라 많은 인물들의 꿈과 관련된 기록들이 있다. 성경은 꿈 이야기를 통해 인물들을 소개하면서 꿈을 현실보다 더 분명한 메시지로 사용하고 있기도 하다. 영감의 책이라고 여겨지는 성경이 왜 꿈을 현실보다 더 분명한 메시지로 사용했을까.

꿈은 정의하기를 수면 중의 착각적·환각적으로 체험하는 감상적 심상이나 영상이라고 한다. 꿈과 관계된 말 중에서 '꿈이 좋다', '꿈만 같다'라는 표현은 이루어질 수 없는 희망에 대한 아쉬움을 표현하는 말로 사용한다. 사람들을 비하하거나 허튼 소리를 하는 사람에게 말할 때도 '꿈 깨라', '꿈같은 소리 하네'라는 표현을 쓰기도 한다. 이처럼 꿈은 사람들에게 현실과는 동떨어진 비현실적인 이야기로 인식되어 있다.

우리가 꾸는 꿈이 현실과는 동떨어진 비현실적인 이야기라고 하지만, 사실 꿈은 현실과 어느 정도 관계가 있다는 것 정도는 누구나 경험한다. 단지 꿈은 현실에 비하여 논리가 없고, 일관성이 빈약하다는 것뿐이다.

꿈이란 논리나 상상을 뛰어넘어 의식하지 못했던 감추어진 자아를 찾아낼 수 있는 도구이다. 사람은 꿈을 통해서 자신의 논리로부터 벗어나기를 시도해본다. 그러면서 상위의 논리로 비상을 시도하며 또 다른 정신적, 영적인 경험을 원한다. 이러한 사람의 습성에 기초하여 초 논리적인 계획을 말해주는 것이 성경의 꿈이고 환상이다.

사람들은 누구나 논리로 무장되어 있다. 그 논리는 주관적인 생각으로 뭉쳐져 있어서 시대의 문화를 벗어나기 어렵다. 하나님은 그런 사람의 제한된 논리 속에 당신의 뜻을 드러낼 수 없어서 꿈이나 환상으로 나타내셨다.

믿음의 영웅들은 공통적으로 꿈을 꾸는 사람들이었다. 그들은 하나같이 꿈 때문에 많은 고난을 겪은 사람들이었다. 어떤 때는 꿈을 포기하고 싶을 때도 있었지만 그럴 수 없었다. 왜냐하면 꿈은 자신과 하나의 몸으로 연합되어 있었기 때문이다.

꿈을 꾼 그들은 많은 고민 가운데 자신을 추스르고 방향을 재정립했다. 그러다가 어느 순간에 믿음의 결단을 통하여 꿈을 현실로 옮겼다. 그들 중의 한 명이 요셉이다.

꿈은 침묵 속에서 뿌리 내린다

어려서부터 할아버지와 아버지의 깊은 영성의 영향을 받은 요셉은 순진하고 지혜로웠다. 그는 불량기 있는 형들과는 달리 순수하고 정직했기 때문에 형들의 나쁜 심부름이나 하는 아이가 아니었다.

야곱은 요셉의 그런 분위기에 맞게 색동옷을 지어 입혔다. 이런 모습을 본 형들은 아버지가 자기들보다 요셉을 더 사랑하는 것을 알고 요셉을 미워하였다. 형들은 요셉에게 말 한 마디도 다정하게 하는 법이 없었다. 요셉은 형들로부터 미움과 따돌림을 받아서 힘들었다. 그런 가운데 고독은 요셉의 친구가 되었다. 할아버지와 아버지로부터 들은 영적인 경험은 형들로부터 받는 상처를 이기는 힘이 되었다.

하나님은 고독한 요셉에게 어린 사무엘에게 주셨던 은총을 베풀었고, 요셉의 지혜는 더욱 자라갔다. 그럴수록 요셉은 형들과 더 어울릴 수 없었다. 요셉의 성장 과정을 낱낱이 지켜보던 형들은 요셉이 갈수록 모난 성격으로 자라간다고 생각하였다.

사실 형들은 요셉이 순수하며 지혜롭고, 총명한 모습으로 자라기 보다는 그들과 어울려 함께 할 수 있는 아우로 자라가기를 바랐다. 그러나 요셉은 그렇게 할 수 없었고, 형들의 요구에 어떻게 할 방도를 찾지 못했다.

그런 환경에서 요셉의 생각은 더욱 깊어 갔다. 홀로 장막에서 지내면서 많은 생각을 하였고, 석양을 바라보며 하염없이 걷기도 하였다. 할아버지와 아버지로부터 들었던 그들의 영적인 경험을 깊이 생각해 보기도 했다.

그러는 가운데 그의 생각의 폭은 점점 넓어져 갔고, 자연의 흐름과 하나님의 진리를 하나씩 둘씩 깨닫기 시작했다. 그렇게 반복되는 시간 속에서 그의 생각은 맑은 물처럼 흘러갔고, 심령은 지혜와 꿈으로 성숙해져 갔다.

요셉은 상상의 나래를 펴기도 했다. 그러다가 어느 날 몽조가 있는 꿈을 꾸었고, 점점 확신이 들기 시작했다. 마치 어린 사무엘이 주의 음성을 들었던 것처럼 요셉도 지혜의 음성을 들었다. 그가 늘 꾸었던 꿈은 그의 마음에서 넘치지 않을 수 없었다. 요셉은 결국 아버지와 형들에게 꿈에 대해 이야기했다.

요셉은 형들에게 꿈 이야기를 하여 더욱 더 미움을 받았다. 자신이 꾼 꿈으로 형들을 멸시하려는 것이 아니었는데 결과는 의외로 나타났다. 그런 일이 있은 후 꿈을 꾸는 일은 어린 그를 더욱 힘들게 만들었다. 그는 꿈을 포기하고도 싶었다. 그러나 포기하려고 하면 할수록 포기가 되지 않았다. 그 꿈은 자신이 스스로 꾼 꿈이 아니었기 때문이다.

요셉은 꿈을 꾸는 사이에 꿈과 하나가 되어서 꿈을 버리고는 살 수가 없었다. 꿈이 그의 희망이었다. 비록 그는 꿈을 더 이상 떠벌리지 않았겠지만 언젠가는 그 꿈이 이루어질 것이라고 확신하고 있었다.

꿈도 대물림인가

요셉은 '꿈꾸는 자'라는 빈정거리는 이름이 붙어 따돌림을 당할 정도로 꿈에 심취한 아이였다. 그가 형들과 아버지에게 말한 꿈은 아버지와 어머니, 형들을 비하하고 가족의 질서까지 무너뜨리는 꿈이었다. 그러면서도 그는 태연할 정도로 계속 꿈을 꾸는 아이였다.

요셉이 어릴 때부터 꿈을 꾸는 아이가 되었던 원인은 조상들의 영향으로 생각해 볼 수 있다. 꿈꾸는 것이 생물학적인 유전은 아니다. 그러나 같이 살았던 부모의 영적, 정신적인 영향으로 꿈을 꾼다고 생각해 볼 수 있다. 요셉의 아버지 야곱과 증조할아버지 아브라함은 꿈으로 세상을 개척한 사람이었는데, 요셉은 그들의 영향을 받았을 가능성이 크다.

아브라함과 야곱은 과연 어떤 꿈을 꾸었으며, 꿈에 대해 어떠한 반응을 보였을까. 창세기 12장 초반부를 보면 여호와 하나님이 아브람*에게 말씀하시는 장면이 나온다.

　　너는 네가 살고 있는 땅과 네가 난 곳과 너의 아버지의 집을 떠나서 내가 보여 주는 땅으로 가거라. 내가 너로 큰 민족이 되게 하고 너에게 복을 주어서, 네가 크게 이름을 떨치게 하겠다. 너는 복의 근원이 될 것이다. 너를 축복하는 사람에게는 내가 복을 베풀고, 너를 저주하는 사람에게는 내가 저주를 내릴 것이다. 땅에 사는 모든 민족이 너로 말미암아 복을 받을 것이다(창 12:1-3).

　하나님이 아브람에게 말씀하실 때 어떤 방편으로 말씀하였을까. 꿈이나 환상으로 이야기하였을 수도 있고, 음성으로 이야기하였을 수도 있다. 기록으로 보아 말씀하신 방편은 알 수 없다. 그러나 분명한 것은 아브람은 여호와의 말씀을 들었고, 그것을 실천에 옮겼다. 이것을 단서로 해서 하나님의 계시의 방편을 생각해 볼 수 있다.

　하나님은 사람들에게 끊임없이 말씀하신다. 그러나 사람을 차별해서 말씀하시지는 않는다. 마치 태양이 온 대지를 비추듯이 하나님의 말씀은 온 땅에 통하고, 그 음성은 세계 끝까지 흐른다. 그러나 영적인 귀가 없는 사람은 하나님의 말씀을 들을 수 없다.
　아브람은 하나님의 말씀을 들을 수 있는 영적인 귀가 있었다. 그래

---

*　아브람은 아브라함의 처음 이름이다. 하나님이 아브라함의 나이 99세 때 그와 언약을 맺으면서 아브람(큰 아버지)에서 아브라함(열국의 아버지)으로 바꾸어 주었다.

서 세상에 흐르는 하나님의 말씀을 수레로 삼아 본토 친척 아비 집을 떠날 수 있었다. 다른 사람이 볼 때 아브람이 들은 말씀은 논리적으로나 상황적으로는 이해되지 않는 말이었다. 그러나 아브람은 논리를 넘어 영적으로 이해를 하였다.

아브람에게 들려진 말씀은 평범한 이야기가 아니었다. 가족과 고향을 등지고, 알지 못하는 땅으로 떠나라는 것이었다. 정든 고향과 연세 든 아버지를 두고 떠나는 일은 결코 쉬운 일이 아니었다. 그럼에도 불구하고 아브람은 아버지와 가족들을 두고 고향을 떠났다. 아브람이 그렇게 매몰차게 고향을 떠난 이유가 있을 것이다. 그가 고향을 떠나기 전에 그의 마음의 상태를 추측해 보자.

아마 아브람은 어떤 어려움으로 인해 근본적으로 자신을 돌아보는 기회가 있었을 것이다. 그 중에 아들이 없는 것은 고통 중의 하나였으리라. 또한 아버지의 직업인 우상을 만드는 일에 대한 회의가 생겼는지도 모른다. 주변의 사람들이 아브람의 가족들을 힘들게 했을 수도 있다. 아브람은 많은 생각으로 괴로웠고, 고향에 더 이상 머무를 수 없었다.

힘들고 어려운 환경은 바쁜 아브람을 멈추고 생각하게 만들었다. 생각이 깊어진 아브람은 소심해져 갔고, 자신의 정체성을 다시 생각하게 되었다. 그 가운데 이상 세계를 그렸으며, 하나님의 말씀을 들었다. 이전 같았으면 그 말씀을 꿈으로 치부하고 말았겠지만, 그는 그 말씀이 노아 이후 조상들에게 들려진 하나님의 약속임을 믿었다. 고향을 떠나서도 어려웠지만 이후에도 아브람은 꿈을 포기하지 않았다. 창세기 15장에도 아브람이 꿈꾸는 장면이 나온다.

고향을 떠나온 아브람이 아무리 기다려도 약속한 후손이 생기지 않

아 고민하고 있었다. 더구나 고향을 떠나올 때 데리고 온 조카가 떠나
버려 아무도 자신의 대를 이를 사람이 없었다. 그런 가운데 아브람은
실망하여 자신의 신실한 종인 엘리에셀을 후계자로 삼으려고도 생각
했다. 아브람은 자신이 최초에 꾸었던 꿈에 대한 확신이 필요했다.

그 밤에 하나님은 이상 중에 나타나서서 하늘의 별을 가리키며 네
후손이 이와 같이 많을 것이라는 같은 말씀을 되풀이하셨다. 자식 하
나 없는데 하늘의 별과 같은 후손이 있을 것이라는 이야기는 그야말
로 꿈과 같은 이야기였다. 아직 나타나지 않은 꿈을 따라가는 나그네
는 자손을 얻을 때까지 기다려야 했다.

이삭은 어떤 꿈을 꾸었을까. 이삭은 성격상 조용하고 평화를 구하
는 사람이었고, 아버지의 유산을 받아 잘 간직하려고 했기 때문에 꿈
을 꾸었다는 기록은 나오지 않는다. 하지만 이삭은 아버지로부터 받
았던 영적인 유산을 후손들에게 잘 물려주고자 하는 꿈을 가지고 있
었다. 이삭이 야곱에게 축복한 것은 조상들의 꿈을 후손들에게 물려
주려는 믿음 때문이었다.

야곱은 어떠했을까. 야곱은 조용한 사람이었지만 욕심이 많았던
사람이어서 그런지 그의 꿈 이야기는 여러 번에 걸쳐서 나온다. 창세
기 28장에 보면 야곱이 아버지를 속인 후 장자권을 얻어 형 에서의
칼날을 피해서 달아나다가 사막 한 가운데서 돌베개를 하고 잠을 자
다가 꿈을 꾼다. 천사들이 사다리를 타고 하늘에서 땅으로 오르락내
리락 하는 꿈이었다. 그 가운데서 하나님이 말씀하시는 것을 들었다.
결혼도 하지 않은 야곱에게 자손이 땅의 티끌처럼 많아질 것이며 그
자손들이 동서남북 사방으로 퍼질 것이라는 말씀이었다. 또한 땅위

의 모든 자손이 야곱의 자손으로 인하여 복을 받을 것이라는 말씀이었다.

야곱은 아침에 일찍 일어나 베개 삼아 벤 그 돌을 가져다가 기둥으로 세우고 기름을 붓고 그 곳 이름을 하나님의 집이라는 뜻으로 벧엘이라고 하였다. 그리고 하나님이 자신이 가는 길을 지켜 주어 평안하게 아버지의 집으로 돌아가게 해 주시면 하나님이 주신 모든 것에서 십분 일을 드리겠다는 서원을 하였다.

이후 기록에도 꿈과 관련된 이야기들이 나온다. 밧단아람에서 고향으로 돌아가는 길에 자신을 죽이려고 달려오는 에서에 대한 두려움으로 몸을 떨고 있을 때, 천사와 씨름하는 환상을 경험했다. 온 식구들을 이끌고 이집트로 내려갈 때에도 하나님이 나타나신 꿈을 꾸었다. 심지어 양 떼를 불리려고 애써 머리를 짜낼 때에도 하나님이 꿈에 나타나서 자신의 서원을 상기시켜 주기도 했다.

야곱이 꾼 꿈이 이상이었는지 아니면 몽상이었는지는 그의 말년을 통해서 드러났다. 얼른 보기에 야곱의 꿈은 개인적인 욕심인 것처럼 보인다. 그러나 하나님은 그의 부정적인 면까지도 사용하여 아브라함에게 준 꿈을 이어갈 사람으로 키우셨다.

이렇듯 조상들이 꾸었던 꿈에 대한 풍부한 이야기를 들었던 요셉은 자연스럽게 이상을 즐기고 꿈을 꾸는 사람이 되었다. 그러나 주변의 사람들은 그를 몽상가로 볼 수밖에 없었다. 그렇지만 꿈을 가진 요셉은 그런 오해를 통하여 오히려 자신의 꿈을 더 풍부하고 확고하게 키워나갈 수 있는 신적인 비밀을 가지고 있었다. 꿈을 꾸었던 사람만 느낄 수 있는 꿈의 비밀을 말이다.

꿈의 자양분

사람이라면 누구나 꿈을 꾼다. 특별히 어린 시절에는 꿈을 많이 꾼다. 아이들은 커서 무엇 무엇이 되겠다고 꿈을 자랑스럽게 이야기한다. 그리고 무한한 가능성을 향해 날갯짓을 하며 자란다. 그런데 어떤 아이들은 계속해서 꿈을 꾸고, 어떤 아이들은 꿈을 잃어버린다. 그 이유는 무엇일까.

대부분의 아이들처럼 요셉의 형들도 어린 시절에는 꿈이 많았을 것이다. 조상들의 꿈 이야기와 아버지의 꿈 이야기를 많이 들었으므로 그들도 꿈을 꾸었을 것이다. 특히 르우벤은 맏아들로서 부모의 기대와 촉망을 받는 아이였으므로 장자로서의 꿈을 꾸었을 것이다. 그 외의 다른 아이들도 모두 귀한 아들이었으므로 꿈을 꾸며 자랐을 것이다.

그러나 성경에는 그들의 꿈에 대한 기록은 나오지 않는다. 오히려 아버지를 배반하는 일과 꿈꾸던 동생을 비웃으며 미워한 일만 나온다. 그들은 왜 더 이상 꿈을 키우지 못하고 아버지를 배반하며 꿈꾸던 요셉을 미워했을까.

요셉의 형들은 꿈을 잃어버린 사람들이었기 때문이다. 그들은 내일을 바라보며 살지 않고 오늘에 급급하여 살았다. 오늘의 이익만 있으면 그만이었다. 내일 무슨 일이 일어난다 해도 오늘 당장 기분만 좋으면 그만이었다. 그들에게 꿈이란, 잘 먹고 즐기는 것 이상도 이하도 아니었다.

꿈을 잃어버린 형들은 요셉의 꿈을 이해하지 못하고 이기심에 빠졌다. 그들은 꿈을 이야기하는 요셉을 비웃고 놀렸다. 더구나 요셉의 꿈

이야기를 듣고는 요셉이 그들을 비하한다고 생각하였다. 그런 그들이 요셉의 꿈을 파괴하는 사람들이 되었던 것은 아주 당연한 일이다.

요셉의 형들의 꿈이 더 이상 자라지 못했던 또 하나의 이유가 있다. 꿈이 필요로 하는 신선한 영양분을 공급받지 못했기 때문이다. 꿈도 섭취하는 양분이 있어야 자란다. 양분을 공급받지 못하면 시들어버린다. 꿈이 시들어버린 그 자리에는 시기심이 자라게 되어있다.

누구나 꿈을 꿀 수는 있지만 꿈이 필요로 하는 양분은 아무나 공급받을 수 있는 것은 아니다. 요셉의 형들은 꿈에 설탕 같은 양분을 스스로 주어서 겉만 무성한 잎을 키웠다. 그들은 꿈이 필요로 하는 진정한 양분이 무엇인지 몰라서 자신들의 꿈을 더 이상 자라지 못하게 했다.

요셉은 꿈을 키우기 위한 자양분을 공급받았다. 할아버지와 아버지로부터 받았던 영적인 생각들은 언제나 꿈의 영양분이 되었다. 형들의 미움을 받으면서 겪은 어려움은 꿈이 필요로 하는 영양소가 되었다. 고독과 외로움 가운데 묵상한 모든 하나님의 말씀은 무엇보다도 가장 큰 꿈의 자양분이었다.

건강한 꿈은 고독한 토양에서 자란다. 꿈의 사람은 고통과 시기와 어려움의 토양에서 하늘의 자양분을 공급받는다. 하늘의 이슬은 사람들이 만든 영양제와는 질적으로 다르다.

꿈은 시련을 거친다

요셉의 꿈은 어느 날 죽는 듯 했다. 요셉을 미워하던 형들의 원한은 계속 깊어 갔다. 형들이 보기에 요셉은 잘난 체 하였다. 또한 그들이 하는 모든 일을 그대로 아버지께 말했고 의로운 체 하였다. 아버지는 요셉에게 색동옷을 지어 입히며 더욱 사랑하였고, 거기에다 요셉은 자신의 꾼 꿈으로 우쭐거렸다.

형들은 그런 요셉이 밉지 않을 수 없었다. 그들의 마음속에는 요셉을 미워하는 생각들이 계속되어 분노가 쌓여 갔다. 밖으로 표현은 하지 않았지만 기회가 되면 죽이고 싶었다. 그들은 이미 한 족속을 살해한 경험이 있었기 때문에 마음만 먹으면 요셉을 죽이는 일은 어렵지 않았다.

어느 날, 요셉의 형들은 먼 곳으로 양을 치러 갔다. 아들들이 걱정이 된 아버지는 요셉에게 먹을 것을 챙겨 보내면서, 그들의 안부를 알아오라고 했다. 그들은 아버지가 지정해 준 곳에서 양을 치지도 않았다. 요셉은 형들을 찾기가 쉽지 않았다. 요셉은 물어물어 형들을 찾아 가서 만났다.

그러나 형들은 요셉을 보자마자 분노가 치밀었다. 멀리서 반갑게 찾아오는 요셉을 보고 그들의 입버릇은 다시 발동이 걸렸다.

"꿈꾸는 자가 온다. 자, 그를 죽여 구덩이에 던지자. 악한 짐승에게 잡혀 먹었다면 아무도 모를 거야. … 그 꿈이 어떻게 되나 보자……."

증오심은 가까운 사람끼리 더 잘 자라는 특성이 있다. 아버지의 영향권을 떠난 불량아들은 동생에게 못할 짓이 없었다. 형제들이 갑자기 살인자로 돌변하였다. 요셉이 이르렀을 때, 그들은 분을 참지 못하여 요셉의 색동옷을 벗기고 구덩이에 던졌다. 형들은 요셉이 가지고 온 도시락을 먹으면서 살기가 조금 가라앉았다. 그들은 동생을 죽여 봐야 아무 이득이 없다는 것을 알았다. 그럼에도 증오심을 해결할 방도를 찾지 못했다.

　마침 그 때에 한 떼의 상인들이 약대들에게 향품과 유향과 몰약을 싣고 이집트로 내려가고 있었다. 상인들을 본 넷째 유다가 묘책을 떠올렸다. 유다는 다른 형제들에게 요셉을 죽이고 숨긴들 무슨 유익이 있겠냐며 요셉을 팔자고 제의했다. 유다의 말을 들은 형제들은 유다의 말을 좋게 여겼다. 때마침 미디안 장사꾼들이 다가오고 있었다. 형들은 요셉을 구덩이에서 끌어올려 은 20개를 받고 미디안 장사꾼들에게 팔았다.

　요셉은 17세의 나이에 이집트에 종으로 팔려갔다. 그 곳에서 보디발이라는 왕의 경호대장의 집에서 종살이를 하면서 제2의 인생을 시작하게 되었다. 요셉의 푸른 꿈은 바위에 부딪쳐 포말처럼 사라졌다. 요셉의 색동옷은 피로 물들었고, 꿈꾸던 소년은 하루아침에 종의 누더기를 입고 말았다. 날개 잃은 귀공자는 이제 종의 신분으로 새장에 갇혀버렸다.

　요셉은 쓰러짐을 통해서 자신의 꿈이 정말 죽은 것인지를 다시 한 번 확인해 보았다. 그러면서 약한 부분을 찾았고 계발하려고 힘썼다. 그러나 그 곳에서도 꿈으로 살아간다는 것은 쉬운 일이 아니었다. 형들의 질투는 사라졌지만 동료 종들의 질투가 만만치 않았다. 종은 종처럼 살아야 하는데 왜 잘난 체 하느냐고 비웃었다.

　요셉의 꿈은 풍랑 속, 망망대해의 외로운 작은 배 같았다. 그러나 그 배는 파도에 휩쓸리는 듯 하면서도 파도를 헤치면서 중심을 잡았다. 그러는 가운데 사공은 항해술을 배웠고, 담력을 키웠다.

　그는 꿈 때문에 종이 되었지만 다른 종들처럼 눈치를 보며 살지 않았다. 그는 종의 신분이었지만 성실하게 일했다. 주인인 보디발은 그런 요셉이 믿음직스러웠다. 보디발은 요셉에게 그의 집을 관리하는 총무의 일을 맡겼다. 아버지에게 인정을 받던 아이가 이제는 타국 고위관리의 인정을 받게 되었다.

꿈이란 죽었다가 살아나는 과정을 거치면서 비약하는 특성이 있다. 요셉은 계속 꿈의 날개를 키워갔다.

꿈의 자녀들이여

꿈은 생각을 이끌어 가는 길잡이다. 생각이 꿈에 이끌리지 않으면 길을 잃어버려 방황하고 만다. 위대한 사람들은 생각만 많았던 사람이 아니라, 꿈을 통해 그 생각을 행동으로 옮긴 사람들이었다.

사람은 생각하는 존재이기에 누구나 꿈을 꾼다. 특별히 어린 아이는 많은 꿈을 꾼다. 늙은이라도 꿈을 꾸는 사람이라면 젊은이라고 할 수 있다. 꿈을 꾸는 사람은 내일을 바라보는 사람이다.

많은 사람들은 꿈을 꾸면서도 꿈을 키워갈 줄을 모른다. 꿈을 키우더라도 엉뚱하게 키운다. 꿈을 잘 키우려다 오히려 꿈을 죽인다. 꿈을 키우기 위해 여러 가지 인공적인 환경을 만든다. 때로는 꿈을 키운다고 하면서 불법을 행한다. 그러나 그런 것은 꿈을 부수는 일이지 꿈을 키워나가는 일이 아니다.

꿈은 사람의 욕심이나 논리에 의하여 자라지 않는다. 꿈은 자신의 것이 아니라 꿈을 꾸게 한 분의 것이기 때문이다. 꿈을 주신 분만이 꿈의 자양분을 줄 수 있다. 그 자양분은 아주 순수하기 때문에 인공적으로는 만들 수 없다. 세례 요한이 광야에서 메뚜기와 석청(벌꿀)을 먹고 자랐듯이, 꿈도 광야에서 침묵 가운데 순수하게 자라는 특징이 있다.

꿈을 잘 키운 사람은 고향의 밭에서 나는 기름진 음식만을 먹은 사람이 아니라 오해와 투옥과 버려짐 가운데서 하늘의 신선한 것을 먹은 사람이었다. 그런 가운데 꿈의 뿌리를 깊게 내린 사람이었다.

그런 사람이 '나는 꿈이 있습니다.' 라고 말할 때에 꿈은 위력을 발휘한다. 그런 자의 꿈은 결국에는 싱싱한 나무가 되어 다른 사람들을 위한 쉼터를 만들어 준다. 그런 자는 진리와 법칙을 따라 꿈을 키워나가기 때문에 그만이 소유할 수 있는 꿈이 아닌 만인이 함께 나눌 수 있는 꿈을 꾼다. 개인적인 소유나 야망이 아니라, 순수한 열정과 헌신으로 이루어진 꿈을 꾼다. 그러므로 그 꿈은 민족들과 나라들을 위한 꿈이며 하나님께 속한 꿈이다.

그런 자는 꿈을 만들어 내는 사람이 아니라 하늘의 꿈을 따라가는 사람이다. 만약에 그가 꿈을 만든다면 그 꿈은 위장된 야망이며 사욕에 불과하다. 그는 하늘의 꿈을 따라가며 고통과 희생의 십자가를 지고 간다. 그럼으로 꿈의 영화로운 언덕에서만 받을 수 있는 왕관을 쓸 것이다.

오, 요셉의 꿈이여! 그 꿈의 자녀들이여!

4. 아름다움의 **영성**

…요셉은 용모가 빼어나고 아름다웠더라(창 39:6).

미남 요셉

보디발의 가정 총무로 일하던 요셉에게 뜻하지 않는 일이 일어났다. 보디발의 아내가 날마다 끈질기게 요셉을 유혹했던 것이다. 전승에 의하면 보디발의 아내는 요셉에게 1년을 넘게 잠자리를 같이 하자고 유혹했다고 한다.

그 여인은 장군의 아내였으며, 요셉은 하인에 불과했다. 그런데 어떻게 그러한 신분의 여인이 자기 집 하인에게 잠자리를 같이 하자고 애원을 할 수 있었을까. 그것은 그녀의 품위와 자존심을 상하게 하는 것이었음에 분명하다. 그녀는 얼마든지 비슷한 신분의 다른 남자를 만날 수도 있었다. 그런데 하필이면 왜 하인에게 그러한 요구를 했던 것일까. 요셉의 용모가 매우 뛰어났기 때문이다. 요셉이 미남이었다고 하는 것은 성경도 밝히고 있는 사실이다.

"요셉은 용모가 준수하고 잘생긴 미남이었다."(창 39:6).

요셉은 어릴 때도 미남이었던 것 같다. 야곱은 그런 요셉에게 색동옷을 지어 입혔다. 당시에는 물감이 귀해서 다양한 색깔의 옷감을 만드는 것이 힘들었다. 그럼에도 야곱은 요셉에게 색동옷을 지어 입혔다. 왜냐하면 야곱은 요셉을 사랑했을 뿐 아니라 색동옷이 요셉의 순수한 마음과 외모에 잘 어울렸기 때문이었다.

요셉은 색동옷 때문에 형들의 미움을 받았지만 형들에 비해서 잘생긴 점 때문에도 형들의 질투와 미움을 받았을 것이다. 만약 요셉이 볼품이 없었는데 좋은 옷만 입었다면 형들의 놀림감에 불과했을 것이지 질투의 대상은 되지 않았을 것이다.

어릴 때부터 잘생긴 아이, 청년이 되어서도 미남이었던 요셉. 그가 어떻게 미남을 유지했는지 생각해 보자.

마음을 가꾼 미남

요셉이 잘생긴 이유는 유전적인 영향이 있었다고 생각해 볼 수 있다. 성경에는 요셉의 어머니 라헬이 곱고 아름다웠다고 기록되어 있다.(창 29:17) 요셉은 라헬의 발랄한 유전자와 야곱의 깊은 신앙의 유전자로 인해서 날 때부터 잘생겼다고 생각해 볼 수 있다. 자랄 때도 아버지 야곱의 특별한 사랑을 받았으므로 귀엽고 잘생겼을 가능성이 많다.

요셉이 아버지의 사랑을 받은 것은 잘생긴 얼굴 때문만은 아니었다. 아이가 못 생겼다고 사랑하지 않는 부모는 없다. 심지어 아이가 불구의 몸으로 태어나면 부모는 정상아보다 더 많이 사랑하게 된다.

아이가 사랑받는 것은 부모의 마음에 쏙 들게 행동하기 때문이다. 그것은 아이의 순수함 때문이기도 하다. 아이들의 눈망울은 하얀 눈이 내려 아무도 들어가지 않은 정원처럼 순수하다. 그 정원에 누가 들어가서 발자국을 남기거나 눈사람을 만들어도 마냥 좋아하는 이들이 아이들이다.

잘생기고 총명했던 요셉은 아버지의 사랑을 받기에 충분했다. 색동옷을 통해 아버지의 사랑을 입은 요셉은 스스로 자부심을 느끼며 맑은 눈동자를 만들며 자라 갔다. 그의 자부심은 또 다른 호기심으로 발전하여 지혜를 더했으며 더 맑은 눈동자를 만들어 갔다.

좋은 유전자와 사랑만으로 미남의 얼굴이 유지되지는 않는다. 주변의 환경과 영향 가운데 자신의 정체성이 드러나기 때문이다. 나이가 들어 성숙해지면 스스로 자신의 얼굴을 만들어 가며 자신의 얼굴에 책임을 져야 한다.

요셉은 이집트에 종으로 팔려 와서도 미남의 얼굴을 유지했다. 요셉이 미남의 품위를 유지한 것은 결코 외적인 화장이나 가식적인 제스처 때문이 아니었다. 그런 속임수는 얼마 지나지 않아 거짓으로 탄로나 오히려 사람들에게 버림을 받는다.

요셉은 종살이의 고통에도 불구하고 마음을 고요하게 하는 어떤 영감(inspiration)을 따라 살아갔다. 그는 이삭과 야곱을 통해 들었던 말씀을 계속해서 기억하고 이치를 따라 순종했다. 동료 종들의 질투와 시기 속에서도 자신만의 질서를 빼앗기지 않았다. 보디발의 가정 총무가 되어도 결코 권력을 남용하지 않았다. 그의 마음에는 한결같은 평안이 있었다. 그것은 얼굴로 드러나지 않을 수 없었다.

미남의 카리스마

　오늘날의 직업에는 귀천이 없다. 그러나 일의 종류와 직급에 따라서 얼굴의 분위기는 사람마다 다르게 나타난다. 막노동을 하는 사람과 조용한 사무실에서 일하는 사람의 얼굴은 구분할 수 있다. 그렇다면 종과 주인이 운명적으로 구분되어 있었던 시대에 종으로 팔려온 요셉은 어떤 모습의 얼굴을 가지고 있었을까.

　요셉에게는 거짓을 말하지 못하는 정직함이 있었다. 그 정직함이 보디발에게도 보였다. 일반적으로 종은 주인의 얼굴을 피하여 적당히 일하는 습성이 있다. 그러나 요셉은 일반적인 종들과는 달랐다. 주인이 보든지 안보든지 정직하게 일했다. 정직한 그의 모습은 일 가운데서 뿐만 아니라 얼굴에도 드러났다. 보디발은 정직한 요셉의 모습을 보고 그를 가정 총무로 발탁했던 것 같다.

　요셉이 담당했던 총무의 일이란 단순히 노동력만 제공하는 일이 아니었다. 그것은 재무를 관리하는 일로 다른 종들을 다스리는 지혜와 지식이 필요한 일이다. 요셉은 그 역할을 잘 수행했다. 무엇보다 그에게는 다른 종을 다스릴 수 있는 근엄함과 카리스마가 있었다.

　카리스마(charisma)는 두 가지 근원이 있다. 먼저, 스스로 만든 카리스마가 있다. 카리스마를 가진 자가 곧 법이고 재판장이다. 타락한 군주나 이단의 앞잡이들, 조직폭력배들에게서 볼 수 있는 것으로 그들의 조직을 강압적으로 제어하기 위해서 만든 카리스마이다.

　다음으로, 하늘로부터 주어진 카리스마를 성경에서 찾아볼 수 있다. 구약시대에는 사사들이 그것으로 사람들을 동원하여 이방민족과의 전쟁에서 승리할 수 있었으며, 예언자들은 왕이나 통치자들에게 하나님의 뜻을 말했다. 신약시대에는 사도 바울과 같은 사도들에게서 발견할 수 있는데, 사도들은 카리스마로 복음을 전했으며, 병든 사람을 낫게 하고 사람들을 섬겼다.

본래의 카리스마라는 뜻은 은혜의 선물(그리스 원어 karis에서 유래)이란 뜻으로 사람들에게 주어진 특별한 능력을 의미한다. 카리스마는 복종하는 자에게 주어진다. 신하가 왕을 섬기고 복종하면 왕은 신하에게 자신의 권력의 일부를 나누어 준다. 요셉의 카리스마 또한 주인에게 충성해서 받았다. 그 힘이 요셉의 리더십으로 작용하였다.

요셉은 사람에게 부여받은 카리스마뿐만 아니라, 여호와를 섬김으로 생긴 카리스마도 있었다. 요셉에게 주인으로부터 받은 카리스마만 있었다면, 주인이 보지 않는 곳에서는 엉뚱한 짓을 할 수도 있었다. 그러나 요셉은 여호와를 섬김으로 받은 카리스마로 인해 아무도 보지 않는 곳에서도 진실했다.

순수한 카리스마를 가지고 있던 요셉은 보디발의 집을 다스리는 능력이 있었을 뿐만 아니라 사람을 끄는 강한 매력이 있었다. 보디발의 아내는 요셉이 가진 그런 장점과 잘 생긴 얼굴에 반하여 요셉을 연애하였다. 그녀는 요셉에게 남편과 다른 카리스마가 있다는 것을 느꼈다.

보디발의 아내는 음란한 문화 속에 젖어서 살아가고 있었다. 그런 가운데도 그녀는 본능적으로 진실을 찾고 싶었다. 늘 마시던 포도주와 기름진 음식에 식상해진 그녀는 나일 강의 흙탕물이 아니라 맑고 시원한 생수에 대한 갈증이 있었다. 오랫동안 지켜보아온 요셉을 통하여 그런 욕망을 맛보고 싶었다.

에스더 - 순종의 미인

요셉과는 시간 차이가 있지만 요셉과 같은 믿음으로 타국 땅에서
영향력을 끼쳐 자기 민족을 구한 인물이 있다. 성경에 나오는 여인들
중에 가장 아름다운 여인으로 알려져 있는 에스더(반짝이는 별이라
는 뜻)이다. 에스더는 예루살렘의 멸망과 함께 바벨론으로 끌려온 포
로의 딸이었다.

에스더가 끌려왔을 때는 역사적으로 남왕국 유다의 1차 포로기간
이었다. 바벨론 왕국은 유다 왕 여고냐와 많은 유다 백성들을 사로잡
아 바벨론으로 끌어왔다. 바벨론 왕국은 유다의 군인들과 정치인들
은 전쟁에서 죽이거나 감옥에 넣었고, 이용가치가 있는 사람들만 이
끌고 왔다. 그들 속에 에스더의 부모와 모르드개가 있었다. 에스더의
부모는 그 과정에서 죽었고, 모르드개는 에스더를 자기 딸같이 양육
했다.

에스더는 부모가 없이 사촌 오빠 아래서 살았지만 용모가 곱고 아
름답게 자랐다. 그리하여 아하수에로 왕이 왕후인 와스디를 폐한 후,
새 왕후를 뽑을 때 왕후가 되어 왕궁으로 가게 되었다.

에스더가 부모도 없고, 더군다나 포로의 신분으로 살면서 아름다
움을 간직하여 왕후가 되었다는 것은 보통의 일이 아니다. 에스더가
좋지 않은 환경 가운데서도 왕후가 될 수 있었던 비결은 에스더만이
가진 어떤 묘책이 있었기 때문이다. 에스더의 아름다움의 근원을 찾
아가 보자.

하나님의 사람은 영적인 질서에 순종하면서 불행한 환경을 유리하

게 만드는 능력을 가지고 있다. 에스더는 부모로부터 그런 능력을 물려받았던 것 같다. 에스더의 부모가 언제까지 에스더를 키웠는지는 모른다. 그러나 그들이 죽은 후에 에스더가 사촌 오빠에 의해 양육되었다는 것은 에스더에게 부모로부터 물려받은 순종의 정신이 있었다는 것을 보여준다.

에스더의 부모는 에스더와 모르드개의 분위기로 보아 바벨론을 적극적으로 비판하는 사람은 아니었다. 바벨론 땅으로 강제 이주를 당한 것으로 보아 평범한 사람도 아니었다. 당시 이스라엘이 순종하지 않아서 멸망했다는 선지자들의 말을 믿은 에스더의 부모는 에스더에게 순종의 영향을 끼쳤다.

에스더의 부모는 세상을 떠나면서 에스더에게 사촌 오빠인 모르드개에게 순종하라고 했을 것이다. 부모가 그런 말을 했더라도 에스더에게 순종의 정신이 없었다면 사촌 오빠에게 양육받기는 불가능했다. 에스더는 사촌 오빠인 모르드개에게 딸처럼 순종했다.

에스더의 순종의 정신은 왕후 후보가 되어 왕궁으로 갈 때에도 계속되었다. 왕궁으로 들어갈 때, 자신의 민족과 종족을 말하지 말라는 모르드개의 말을 거스르지 않았다. 에스더는 종족에 대한 질문이 나올 때마다 거짓으로 얼버무리지 않고 지혜롭게 처신했다.

"에스더는 자기의 혈통과 민족에 관해서는, 모르드개가 시킨 대로 입을 다물었다. 에스더는 모르드개의 슬하에 있을 때에도 모르드개가 하는 말을 늘 그대로 지켰다."(에 2:20).

에스더는 왕후가 되어 사촌 오빠보다 높은 지위에 있을 때에도 사촌 오빠의 말에 순종했다. 심지어 자신의 높은 지위까지 도박(?)하는 상황에서도 사촌 오빠의 말에 따랐다. 그녀가 모르드개에게 순종한 것은 단지 모르드개에 대한 순종만이 아니라 여호와 하나님에 대한 순종이었다.

에스더 - 내적인 미인

성경은 에스더를 이전의 왕후인 와스디와 대조하여 기록하고 있다.

아하수에로 왕은 왕후인 와스디에게 많은 자유와 부와 권력을 주어 자신이 잔치를 열 때, 와스디도 같은 종류의 잔치를 열도록 해 주었다. 왕은 잔치의 마지막 날인 제칠 일에 와스디를 청하여 그녀의 아리따움을 뭇 백성과 지방관들에게 보여주고 싶었다. 와스디는 그만큼 미인이었고 많은 사람들이 흠모하던 여인이었다.

그러나 와스디는 자신의 미모에 스스로 교만하여 왕의 명령에 불순종했다. 와스디가 왕명에 불순종 한 것은 왕에 대한 불순종일 뿐만 아니라 지방 관리들과 뭇 백성들에게까지 잘못한 일로 해석되었다.

바벨론은 당시 큰 제국으로, 인도로부터 이집트까지 127개의 지방을 군사력과 법으로 다스리고 있었다. 왕의 법무대신들은 왕후가 행한 소문이 모든 지방의 부녀에게 전해지면, 부녀들도 남편을 멸시하므로 가정과 온 나라의 질서가 무너질 것을 우려하였다.

이에 왕의 법무대신들은 왕에게 와스디를 폐위하고 다른 사람에게 왕후의 자리를 주어야 한다고 권고하였다. 왕은 대신들의 말대로 왕후의 자리를 와스디보다 나은 사람에게 주기로 하고, 각 방언대로 순종의 판례를 기록하게 하여 기강을 더욱 견고히 하였다.

아하수에로 왕은 전국의 아리따운 처녀들을 후궁으로 들여 궁녀들에게 맡기고 그 중에서 왕후를 간택하였다. 왕은 와스디를 폐위한 후 왕후를 택하는데 신경을 많이 썼다. 이전 왕후에게 실망한 감정을 새로운 왕후로부터 채우고 싶었다.

모르드개를 부모처럼 여기고 그에게 순종하면서 아름답게 자라고 있던 에스더는 주변의 사람들에게 알려지고 왕후 후보자로 뽑혔다. 왕후 후보자로 나가는 처녀들은 왕에게 나갈 차례가 되면 의례히 많은 화장품을 요구하였다. 그러나 에스더는 필요 이상의 화장품을 요구하지 않았고, 왕에게 잘 보여 왕후가 되려고 특별한 유혹을 하거나 묘책을 쓰지 않았다.

아하수에로 왕은 순수한 아름다움을 소유한 에스더를 다른 어떤 처녀들보다 좋아했다. 당시의 처녀들 가운데는 겉으로 보기에 에스더보다 더 아름다운 미인이 많았다. 그러나 외적인 아름다움만으로 왕의 눈에 들 수는 없었다.

바벨론의 화려한 미인들이 풍기는 분위기는 에스더의 아름다움을 능가하지 못했다. 에스더는 바벨론의 미인들이 갖고 있지 않은 다른 종류의 아름다움을 갖고 있었다. 왕은 그런 아름다움을 가진 에스더가 나라를 통치하는 데에도 도움이 될 것이라고 믿었다.

에스더를 왕후로 삼아 흡족한 왕은 잔치를 베풀어 모든 지방 신하들을 초대하였다. 그리고 백성들에게 세금을 면제해 주고 상도 주었으며 선정을 베풀고자 하는 자세까지 보였다.

에스더가 왕후가 된 뒤 5년 후에 유대인들을 죽이려는 음모가 일어났다. 그 일은 왕의 총리 하만이라는 사람이 꾸민 음모였다. 순종과 진정한 아름다움을 추구하며 살아온 에스더는 그 일에 순종의 지혜를 발휘하였다.

하만은 왕으로부터 신임을 얻어 높은 지위에 있는 사람이었다. 대궐 문에 있는 모든 왕의 신복들이 하만에게 꿇어 절하였는데 모르드개는 꿇지도 절하지도 않았다. 이에 노한 하만은 모르드개와 부딪히게 되었다. 하만은 모르드개가 유대인이라는 사실을 발견하고 모르드개뿐 아니라 바벨론 왕국에 사는 모든 유대인들을 죽이려고 했다.

하만은 왕에게 뇌물을 바쳐 왕의 환심을 사며 유대인들이 왕의 법을 지키지 않고 자신들의 율법과 풍습만 지키려 한다고 말했다. 그리고 왕에게 상소하여 유대인 학살 승낙을 얻어 각도에 발송했다.

모르드개는 에스더에게 이 사실을 이야기하며, 왕에게 나아가 유대민족을 위하여 간절히 구하라고 하였다. 그러나 에스더는 왕 앞에 나갈 수가 없었다. 왕이 부르지도 않았는데 왕 앞에 나가면 죽음을 당하게 되어 있었다. 왕이 에스더를 부르지 않은지도 벌써 한 달이 되었다.

모르드개는 에스더에게 "왕후의 자리를 얻은 것이 이때를 위함이 아닌지 누가 아느냐"고 하며 왕에게 나아가라고 했다. 그러자 에스더는 모르드개의 말에 순종하며 말했다.

"어서 수산에 있는 유다 사람들을 한 곳에 모으시고, 나를 위하여 금식하게 하십시오. 사흘 동안은 밤낮 먹지도 마시지도 말게 하십시오. 나와 내 시녀들도 그렇게 금식하겠습니다. 그렇게 하고 난 다음에는, 법을 어기고서라도 내가 임금님께 나아가겠습니다. 그러다가 죽으면 죽으렵니다."(에 4:16).

에스더는 왕 앞에 나아갔다. 3일을 금식한 에스더의 모습은 측은

했지만, 마음은 깨끗함으로 충만해 있었다. 그 모습이 왕의 마음을 움직였다. 왕은 에스더가 심히 사랑스러워 기쁘게 맞아주었다.

왕은 에스더에게 소원하는 바가 무엇인지 물어보면서 나라의 절반이라도 주겠다고 하였다. 이에 에스더는 연회를 마련하겠으니 왕이 연회에 와 줄 것을 부탁했다. 에스더는 연회가 열리는 마지막 날에 하만의 음모를 밝혔다. 이에 노한 왕은 하만을 죽였고, 에스더의 소원대로 유대민족을 살려 주었다.

에스더와 모르드개를 비롯한 유대인들이 승리를 거둔 날은 12월 13일로 유대인들은 그날을 명절로 삼았다. 지금도 유대인들은 에스더의 순종으로 만들어진 그날을 기억하여 부림절(Purim)로 기념하고 있다. 그날이 되면 유대인들은 회당에 모여 가난한 사람들과 노인들에게 과자와 선물들을 나누어 주며 축제를 벌인다. 특별히 에스더서를 읽으며 그녀의 아름다움을 되새긴다.

쇠하지 않는 아름다움

같은 맥락에서 요셉의 증조가 되는 아브라함과 사라의 쇠하지 않았던 아름다움을 살펴보자.

아브라함이 고향을 떠나 약속의 땅으로 갈 때, 그의 나이는 75세였고, 사라는 65세였다. 아브라함과 사라는 이미 연로한 나이였지만, 고향을 떠나 정처가 없는 나그네의 신분으로 사는 것을 마다하지 않았다. 그 나이에 고향을 등지고 새로운 땅을 향해 간다는 것은 결코 쉬운 일이 아니다. 젊고 진취적인 사람만이 할 수 있는 일이다.

그러나 그들은 25년이 지나고도 젊은 사람이 할 수 있는 일을 경험하였다. 100세가 된 아브라함과 90세가 된 사라는 연로한 나이에도 불구하고 아들을 낳았다. 또 아브라함은 사라가 죽고 난 후, 다시 결혼하여 아이를 더 낳았다. 젊은 사람들이 할 수 있는 그런 일을 어떻게 노쇠한 노인의 몸으로 할 수 있었을까.

그야말로 그들은 회춘을 경험한 것이다. 하나님은 그들에게 아들을 주실 때 하늘의 태-기적-를 사용한 것이 아니고, 늙어서 가망 없는 사라의 태에 생기를 불어넣는 방법을 사용하셨다. 어떻게 그것이 가능했을까. 사라와 아브라함이 이삭을 얻는 과정을 살펴보면서 그들의 젊음의 비밀, 쇠하지 않았던 아름다움의 비밀은 무엇인지 찾아보자.

사라가 아들을 낳을 것이라는 천사의 이야기가 있었을 때, 사라는 생리가 끊어져 아이를 낳을 수 없는 형편이었다. 그래서 그녀는 천사의 소식을 듣고 웃었다. 믿을 수 없는 일이어서 웃음이 나왔고, 늙은 가슴으로 젖을 먹인다고 상상해보니 자연스럽게 웃음이 나오지 않을 수 없었다. 사라의 웃음 때문에 천사는 아브라함 부부에게 그들이 낳을 아들의 이름을 웃음(이삭)이라고 지어주었다.

사라는 미인이었고 믿음의 여인이었지만 그녀의 인생은 순탄하지만은 않았다. 방랑자인 남편을 따라 사는 것도 힘들었고 목숨을 부지하려고 체면을 구겨야 하는 일도 어려웠다. 무엇보다 가장 어려웠던 일은 아들을 얻지 못한 어려움이었다. 아들을 주실 것이라는 하나님의 약속을 믿고 고향을 떠나 왔지만 오랫동안 아들이 없었다. 생리가 끊어져 아들을 낳지 못하자 여종을 통해 낳은 이스마엘을 아들로 삼았으나 오히려 가정에 불화가 생겨 힘들기만 했다.

그런 가운데 사라에게는 희망이 사라지고 하나님의 약속은 멀어져만 갔다.

사라는 자신의 젊음이 사막의 석양처럼 붉게 저무는 것을 느끼면서 한숨을 쉬며 시간을 보냈다. 더 이상 임신에 대한 희망이 없자 불안감이 몰려왔다. 불안을 잠재울 수가 없어서 밤잠을 설치며 텐트 틈으로 보이는 별을 바라보며 한숨짓기가 일쑤였다.

그런 시간을 보내는 동안 사라는 자신의 인간적인 욕망이 부질없다는 것을 느끼기 시작했다. 그리고 그 욕망들이 조금씩 사라지는 것도 느꼈다. 욕망이 사라진 곳에 전에 느껴보지 못했던 평안의 새싹이 조금씩 트는 것을 느끼기 시작했다. 처음 느끼는 영적인 감정이라 의심도 했지만 보이지 않는 실체가 있다는 것을 부인할 수 없었다.

천사의 말을 되새겨 보았다. 아들을 얻을 것이라는 천사의 말을 듣고 웃었지만 자신이 느끼는 태의 느낌은 부인할 수 없었다. 새로운 창조가 시작되었다. 90세가 된 할머니에게 그런 변화가 온다는 것은 상상하지도 못하는 일이었다. 그것이 말로만 듣던 회춘(回春)이었다. 사라는 기적같이 젊음을 되찾았고 아들을 임신했다.

사라는 90세에 이삭을 낳았다. 늙은 나이였지만 순산했다. 늙은 가슴으로 젖먹이는 자신을 보며 웃지 않을 수 없었다. 다른 사람들도 믿기지 않는 사실을 보고 웃었다. 이후, 사라가 어떻게 살았다는 기록은 없다. 사라는 되찾은 젊음을 통하여 활기찬 삶을 살면서 이삭을 키웠을 것이다.

사라는 127세에 죽었다. 그 때에 아브라함은 137세였다. 아브라함은 사라가 죽자 낙망하였다. 그러나 곧 다시 일어나 사명을 되새기며 이삭을 결혼시키고, 후계자로 세우는 데 힘을 기울였다. 노년에 얻은 아들을 키우면서 하나님의 은혜를 더 깊이 경험하고 새 힘을 얻었다. 이후에 아브라함은 후처 그두라를 맞이하여 여섯 명의 자녀를 더 낳았다.

건강은 체력에서 시작되는 것이 아니라 건전한 정신에서 시작된다. 아브라함의 활기찬 힘은 하나님과 교제함으로 얻었다. 성경은 아브라함을 하나님의 벗이라 할 정도로 그의 믿음을 높이 평가하고 있다.

아브라함은 사라가 죽은 후에 38년을 더 살았다. 비록 후처를 취하긴 했지만 하나님의 약속은 잊지 않았다. 그두라의 몸에서 난 자식들은 멀리 동방으로 보냈는데, 이는 하나님의 약속을 되새겼기 때문이다. 비록 육체적인 한계는 있었지만 하나님의 약속을 되새긴 아브라함은 육적·영적인 아름다움을 계속 유지할 수 있었다.

영원한 아름다움을 꿈꾸라

많은 사람들은 잘생기거나 예쁜 얼굴로 태어났으면 하는 아쉬움을 가지고 있다. 그러나 잘생기고 예쁜 얼굴로 태어났더라도 아름다움을 오랫동안 간직하는 사람은 많지 않다. 미인이 되려고 노력만 하면 아름다워질 수 있을까.

사람의 얼굴과 육체는 각자의 정신과 영혼의 거짓 없는 표현이다. 화장을 하여 어느 정도 얼굴을 꾸미거나, 운동을 하여 젊음을 일정기간 더 유지할 수 있다. 그런 노력조차도 사람의 정신에서 나오는 것임을 부인할 수 없다. 희망과 용기를 잃은 사람은 화장할 이유도, 운동할 힘도 없다. 그러나 젊음과 미의 근원이 어디서 나오는 것인가를 진정으로 아는 사람은 오히려 마음을 가꾸고 영혼을 살찌게 하는 일에 힘을 쓴다.

진정한 미인들은 얼굴을 과하게 꾸미느라 시간을 소비하지 않는다. 그들은 자신들이 태어난 자체에 감사하며 하루하루를 순종하며 살아간다. 그들은 미를 무기로 하여 돈을 벌거나 권력을 얻는 것을 목표로 하지 않는다.

단지 하나님의 도구가 되어 쓰임 받기를 바랄 뿐이다. 그 일이 귀한 일이든 천한 일이든 관계가 없다. 나아가 죽는 것과 사는 것이 별반 다를 것이 없다는 것을 알고 있다. 그러므로 자신의 아름다움을 자랑하거나 그것으로 인하여 교만하지 않는다.

사람들의 아름다움은 얼마나 유지될 것인가. 인격 없이 얼굴만 아름다운 사람의 얼굴은 나이 사십을 넘기지 못하여 발각되고 만다. 흐르는 세월은 누구도 막지 못한다. 그러나 늙어도 아름다운 노인들이 가끔 있다. 그들은 이마에 주름이 있지만 흉하지 않으며, 백발은 찬란하게 빛나며, 순수한 마음은 평안으로 푸르다. 그들은 나이 외에 늙은 데가 없는 아름다운 사람이다.

진정한 아름다움을 추구하는 사람들은 하늘나라를 그리며 산다. 그들은 이 땅에 속한 고운 것과 아름다운 것으로 만족하지 않는다. 영원히 남을 아름다움을 따르는 자들이다.

믿음의 사람들은 아름다운 삶을 살면서 하늘나라를 그렸다. 요셉과 에스더, 아브라함과 사라는 아름다운 얼굴과 마음을 가진 사람들이었다. 그들의 육체의 아름다움은 흙으로 돌아가 수많은 꽃들을 피우고 있고, 그들의 영혼은 하늘로 올라가 별과 같이 빛나고 있다. 그런 진리를 알았던 잠언 기자는 말했다.

"고운 것도 거짓되고, 아름다운 것도 헛되지만, 주님을 경외하는 여자는 칭찬을 받는다."(잠 31:30).

꿈 해석의 길

> 바로가 요셉에게 이르되 내가 한 꿈을 꾸었으나 그것을 해석하는 자
> 가 없더니 들은즉 너는 꿈을 들으면 능히 푼다 하더라 요셉이 바로에
> 게 대답하여 이르되 내가 아니라 하나님께서 바로에게 편안한 대답
> 을 하시리이다(창 41:15-16).

감옥에 던져진 요셉

요셉에 대한 보디발의 아내의 유혹은 집요했다. 그녀의 유혹은 눈
에서부터 시작되었다. 그녀는 요셉에게 유혹의 눈짓을 했다. 요셉의
포근하고 카리스마 있는 눈빛을 만나고 싶었던 것이다.

보디발의 아내의 유혹에 요셉은 꿈쩍도 하지 않았다. 요셉에 대한
보디발의 아내의 생각은 단순한 애정을 넘어서고 있었다. 그녀는 요
셉과 관계를 갖고자 갖은 수단과 방법을 동원하였지만 무시당했다.
그러자 그녀는 교묘한 책략을 꾸몄다.

보디발의 아내는 요셉이 자신의 집에 업무를 보러 오는 날을 기다
렸다. 그날을 택하여 모든 종들은 집 밖으로 보냈다. 요셉은 그것을
알지도 못하고 보디발의 집에 들어갔다. 갑자기 동침하자고 달려드
는 보디발의 아내에게 저항할 길이 없었다.

요셉은 그 자리를 탈출하는 것이 유혹을 이기는 최상의 길이라고 생각하고 보디발의 아내의 손을 급하게 뿌리치며 나갔다. 보디발의 아내는 뿌리치며 나가는 요셉의 겉옷을 붙잡았다. 요셉은 겉옷을 버려둔 채 그 집을 나왔다.

자신의 욕심을 채우지 못한 보디발의 아내는 온 집안사람들을 불렀다. 요셉이 자신을 겁탈하려고 들어왔기에 소리를 지르자 요셉이 겉옷을 버려두고 도망했다고 말하며 오히려 요셉에게 누명을 뒤집어씌웠다. 비정상적인 욕구를 채우지 못한 여인의 허탈감은 분노로 바뀌었다. 사랑은 한순간에 증오로 변했다.

보디발의 아내는 요셉의 겉옷을 곁에 두고 남편이 돌아오기를 기다렸다. 그녀는 돌아온 남편에게 집안사람들에게 했던 똑같은 말을 하며, 요셉에게 누명을 씌웠다. 아내의 말을 들은 보디발은 심히 화가 나서 요셉을 감옥에 가두었다.

아마 보디발은 요셉을 감옥에 가두기 전에 요셉을 불러 취조를 했을 것이다. 파라오의 경호업무를 맡고 있었던 보디발은 누가 진범인지를 알았다. 그의 아내가 유혹했다는 것을 알고 있었겠지만, 자신의 얼굴에 침을 뱉을 수는 없었다. 그래서 보디발은 더욱 화가 났을 수도 있다.

요셉은 보디발이 관리하고 있는 왕의 신하들을 가두는 감옥에 던져졌다. 요셉은 종이었기 때문에 항변도 재판도 없었다. 참으로 어처구니가 없는 일이었다. 세상에는 참으로 분노가 치밀어 오르는 일이 많다. 착한 사람이 투옥되며 의인이 오히려 죽임을 당하는 경우가 있다. 강한 힘만이 세상을 지배하는 것처럼 느껴지며 정의는 없는 것처럼 보이기도 한다.

암흑의 길에서도

세상은 힘없는 요셉을 부수어 감옥에 보냈다. 그러나 그 누구도 요셉의 순결과 성실은 부술 수가 없었다. 요셉은 그 일로 마음이 많이 상했다. 며칠을 먹지도 못하고 억울함을 달래느라 마음이 힘들었다. 그러나 엄연한 현실은 외면할 수가 없었다. 자칫하다가는 쥐도 새도 모르게 사라질 수 있다는 것을 느끼면서 마음을 가다듬었다.

요셉은 하루아침에 보디발의 가정 총무에서 죄수가 되어 죄인 취급을 받았지만 꿈을 포기하지 않았다. 그는 감옥에서도 열심히 일했다. 요셉의 맑은 눈과 성실한 태도는 금방 드러났다. 정치범의 폐부를 꿰뚫는 간수장이 요셉의 인격을 읽었다. 간수장은 요셉을 신뢰하기 시작했다.

요셉이 어디서나 다른 사람의 신뢰를 받을 수 있었던 원천은 무엇일까.

출세를 하기 위한 목적으로 열심히 일한 탓일까. 요셉이 종이라는 신분을 숨기지 않았고, 히브리 땅에서 끌려온 자라고 드러내 놓고 말한 것으로 보아 출세를 하기 위하여 일한 것 같지는 않다. 출세할 수 있는 특별한 방법이나 요령을 가지고 있지도 않았다. 그럴 수도 없었다. 요셉의 신분으로서는 남의 나라에서 출세할 수 없었다.

요셉은 길이 어떻게 만들어지는지 알고 있었다. 출세를 하기 위해서 자신이 만들어가는 길이 아닌, 하나님이 만들어주실 길을 기다리고 있었다. 자신이 처한 낮은 곳에서 사람들을 섬기고 관찰하며 때를 기다렸다. 그런 가운데 하나님이 조상들에게 하신 약속이 정리가 되었고, 지혜가 생겼다. 그는 말로 표현할 수 없는 육감(sixth sense)으로 지혜를 쌓아가며 즐겼다. 시편의 방랑자가 노래한 그 노래를 요셉도 즐겼을 것이다.

"덧없는 세상살이에서 나그네처럼 사는 동안, 주의 율례가 나의 노래입니다."(시 119:54).

요셉의 지혜는 특출하여 가는 곳마다 돋보였고, 그 누구도 부리기가 버거웠다. 그는 지혜롭고 명철하여 다윗이 그러했던 것처럼 눈이 빼어나고 얼굴이 아름다웠다.(삼상 16:12)

간수장은 요셉을 부리기는 했지만 다른 죄수들과 같이 취급하지 않았다. 간수장은 요셉의 지혜를 감당할 수 없었던지 감옥의 모든 일을 요셉의 손에 맡겼다. 요셉은 죄수의 몸이었지만 간수처럼 일을 했다.

요셉은 감옥에 끌려온 정치인들과는 다른 길을 가고 있었다. 그들은 권력과 명예의 길을 좇아가던 자들이었지만, 요셉은 정직과 지혜의 길을 따라갔다. 그들이 보기에 요셉은 하찮은 히브리 종에 불과했고, 엄청난 잠재력을 가지고 지혜와 진리의 길을 가고 있다는 것을 알아보지 못했다. 요셉은 보장된 앞길도 없고 언제 풀려날지도 몰랐지만 지혜와 정직으로 진리의 길을 따라가며 미래를 준비해 나갔다.

해석의 비법

어느 날, 요셉이 갇혀 있는 감옥에 유명한 죄수 두 명이 들어오게 되었다. 그들은 파라오의 술을 맡은 시종장과 떡을 굽는 시종장으로 파라오의 노를 사서 감옥에 들어온 자들이었다. 그들은 왕이 독살될 위험으로부터 왕을 보호해 주는 일을 하는 왕의 신임이 두터운 인물들이었다. 그들은 워낙 큰 인물이고 미결수라서 어떤 형이 확정될지 모르는 상황이었다.

그들과 같은 고위 관리들은 다시 복직되어 파라오 곁으로 돌아가거나 아니면 파면되어 처형당하는 전례가 있었다. 그래서 감옥의 간수는 그들이 투옥되자 긴장하지 않을 수 없었다. 고위 관리들의 마음을 잘 헤아리는 요셉이 그들을 수종하는 임무를 맡게 되었다.

어느 날, 술을 맡은 시종장과 떡을 굽는 시종장이 하룻밤에 꿈을 꾸었는데 각기 몽조가 다른 꿈을 꾸었다. 아침이 되어 요셉이 그들에게 가보니 그들은 안색이 좋지 않았다. 요셉이 그들에게 그 원인을 물었다. 그들은 지난밤에 꿈을 꾸었는데 해석할 사람이 없다고 말하였다. 이에 요셉이 해석은 하나님께 있다고 하면서 자기에게 그 꿈을 말해보라고 하였다.

술을 맡은 시종장이 꾼 꿈은 매우 단순한 것이었다.

"내가 꿈에 보니 나의 앞에 포도나무가 있고, 그 나무에는 가지가 셋이 있는데, 거기에서 싹이 나더니 곧 꽃이 피고, 포도송이가 익었네. 바로의 잔이 나의 손에 들려 있기에, 내가 포도를 따다가 바로의 잔에 그 즙을 짜서, 그 잔을 바로의 손에 올렸지."(창 40:9-11).

요셉의 해석도 아주 단순한 것이었다.

"해몽은 이러합니다. 가지 셋은 사흘을 말합니다. 앞으로 사흘이 되면 바로께서 시종장을 불러내서 직책을 되돌려 주실 것입니다. 시종장께서는 전날 술잔을 받들어 올린 것처럼 바로의 손에 술잔을 올리게 될 것입니다."(창 40:12-13).

요셉이 술을 맡은 시종장에게 이 같은 해석을 해 주면서 복직하게 되면 자신을 기억해 달라고 했다. 파라오에게 말하여 자신은 감옥에 갇힐 일을 하지 않았으니 감옥에서 건져내어 달라고 부탁하였다.

떡을 굽는 시종장이 술을 맡은 시종장의 해석이 좋은 것을 보고, 요셉에게 자신의 꿈도 해석해 달라고 하며 꿈을 이야기했다.

"나도 한 꿈을 꾸었는데 나는 빵이 담긴 바구니 세 개를 머리에 이고 있었네. 제일 위에 있는 바구니에는 바로에게 드릴 온갖 구운 빵이 있었는데, 새들이 내가 이고 있는 바구니 안에서 그것들을 먹었네."(창 40:16-17).

요셉의 해석은 이러하였다.

"바구니 셋은 사흘을 말합니다. 앞으로 사흘이 되면 바로께서 시종장을 불러내서 목을 베고 나무에 매다실 터인데, 새들이 시종장의 주검을 쪼아 먹을 것입니다."(창 40:18-19).

술을 맡은 시종장의 꿈 해석과는 달리 떡을 굽는 시종장의 꿈 해석은 흉한 해석이었고, 듣기에도 불쾌하였다. 그러므로 해석의 정확도를 떠나서 그 말을 하는 것 자체가 용기 있는 일이었다. 아마 요셉은 그 해석으로 인해 떡을 굽는 시종장으로부터 매를 맞았을지도 모른다.

요셉의 해석은 그대로 들어맞았다. 요셉은 꿈을 해석하기 위해서 환상을 보거나 다른 꿈을 꾸는 신비적인 방법을 사용하지 않았다. 요셉이 꿈을 해석할 수 있었던 것은 요셉이 말한 대로 여호와의 영감을 받은 까닭이었다.

요셉의 꿈 해석의 이면에는 요셉이 경험한 것들과 당시의 정치 상황에 대한 정보들이 기초되어 있었다. 요셉은 보디발의 가정 총무로

있으면서 이집트 상류층의 문화를 알았다. 감옥에서 죄수, 또는 간수 노릇을 하면서 간계한 정치꾼들을 만났고, 그들의 삶과 죽음을 지켜보면서 이집트의 파라오 왕궁부터 지하 정치계까지 꿰고 있었다.

정치의 변칙과 술수들을 보았고, 그 결과들이 다양하게 귀결되는 것을 보았다. 때로는 탐관오리들이 다시 권세를 얻고, 오히려 정직한 사람들이 매달리는 것을 보면서 많이 혼란스럽기도 했다. 그러면서 그는 특유한 방식으로 지혜를 축적하며 나름의 길을 만들었다.

비가 오면 나일 강에 흙탕물이 흐르고 시간이 지나면 다시 맑은 물이 흐르는 것처럼, 이집트의 정계도 한때는 흙탕물이 요동치다가 다시 맑아지기도 하는 흐름을 알았다. 요셉은 감옥에서 여러 정치범들과 이야기를 나누면서 고급 정보들을 얻었고, 정치적인 흐름을 이해하게 되었다.

요셉은 감옥으로 끌려온 두 고위 관리들의 모든 것을 파악하고 있었다. 그들의 범죄 사실이 무엇이며, 정치철학과 비전이 어떤 것인지 읽고 있었다. 요셉은 그들의 성향이 당시의 정치 물결 가운데 어떻게 결론지어질 것이라는 것을 특유의 직관으로 알고 있었다. 또 3일 뒤에는 파라오의 생일잔치가 있어서 그때에 사면과 처형이 있을 것이라는 정도는 능히 인지하고 있었다.

요셉은 그런 복잡한 기초 위에서 간단하게 그들의 꿈을 해석했다. 무엇보다 하나님은 진리를 따라 사는 요셉에게 순결한 예지의 능력을 부어 주셨고, 요셉은 그 능력을 순결하면서도 치우침이 없이 발휘하였다.

꿈 해석의 길잡이

20세기 초에 유대인 정신과 의사 프로이드는 장대한 분량의 『꿈의 해석』이라는 책을 내어 놓았다. 그는 그 책에서 정신분석의 이론을 도입하여 여러 방향에서 꿈의 해석을 시도했다. 또한 무의식 속의 기억을 조사하기 위하여 자유연상과 꿈의 분석을 이론화했다.

그러나 그의 이론은 과학적으로 정립되지 않았으며, 경험적으로도 정확하게 검증되지 않았다. 그의 이론은 사실보다는 자기 마음으로 예측할 수 있는 백지 수표와 같았다. 프로이드 스스로는 공식이 있었고, 자유로이 활용할 수 있었다. 그러나 다른 학자들이나 일반인들이 이해하며 활용할 수 있는 이론으로는 정립되지 않았다.

요셉은 어떻게 남의 꿈을 해석할 수 있었을까. 프로이드의 해석처럼 자기 마음으로는 예측할 수 있으나 다른 사람들은 이해할 수 없는 백지수표와 같은 해석이었을까.

성경의 문맥을 살펴보면, 요셉은 꿈을 해석할 때 당시의 이집트의 술사들이 사용했던 주술적인 방법을 사용하지 않았다. 하늘로부터 직접 음성을 듣거나 환상을 보고 꿈을 해석한 것도 아니었다. 요셉은 꿈을 듣고 해석하기에 앞서 꿈의 해석은 하나님께 있다고 말했다. 그런 다음에 즉시 해석했다. 이런 상황들을 미루어 보건대, 그는 꿈을 해석하기 위하여 직관을 사용했던 것으로 보인다.

사전적 의미의 직관(直觀, intuition)은 감각, 경험, 연상, 판단, 추리 따위의 사유 작용을 거치지 아니하고, 대상을 직접적으로 파악하는 작용을 일컫는 말이다. 철학자들은 직관을 인간의 전체적인 인식 테두리 안에서 어떤 위치에 둘 것인가에 따라서 직관의 종류를 감각적 또는 감성적 · 이성적 · 지적 또는 신비적 직관으로 나누기도 한다.

직관을 논리적으로 분류하고 정의할 수는 있지만 직관의 능력을 가진 사람의 내면과 경험에는 모든 것을 다 포함하고 있다고 할 수 있다. 직관의 능력을 가진 사람은 자신의 직관을 설명하기도 힘들고, 다른 사람에게 전수하는 것도 쉽지 않다. 어떤 면에서는 직관이라는 단어의 의미도 직관의 능력을 가진 사람에게는 적당한 개념이 아닐지도 모른다. 단지 일반적으로 사용하니까 여기고 있는 것뿐이다.

요셉이 꿈을 해석했던 직관은 어디서 나온 것일까. 그 능력을 하나님이 주셨다고만 단정해 버리면 성경을 연구할 이유가 없다. 한 톨의 쌀이라도 하나님이 주셨지만 어떤 방법을 통해 주셨는지 모르고서는 은혜를 헤아릴 수 없듯이, 하나님이 요셉에게 어떻게 은사를 주셨는가를 연구하는 것이 우리의 임무이다.

대부분의 사람들은 자신의 정욕에 이끌려 살아간다. 정욕은 진리나 원리의 방향과는 반대로 흐르는 사욕(私慾)이다. 사욕은 바람에 날려 다니는 풍선과 같다. 그러나 진리나 원리는 땅속 깊은 곳을 변함없이 흘러가는 지하수와 같다. 사욕을 가지면 보이는 겉면만 볼 수 있을 뿐 속은 보지 못한다. 그러나 진리나 원리를 가진 사람은 겉면뿐만 아니라 보이지 않는 속도 볼 수 있다.

요셉이 직관을 통해 꿈을 잘 해석하였던 것은 정욕이나 사욕을 거스르고, 진리나 원리에 근거를 두고 살았기 때문이다. 그가 가진 직관은 결코 하루아침에 형성된 것이 아니다. 어릴 때부터 할아버지나 아버지의 말씀에 순종하며 사는 가운데 형성된 것이며, 자연현상을 통해 하늘과 세상의 원리를 점차 깨달아간 가운데 형성된 것이다.

세상을 해석한 죄수

파라오의 술을 맡은 시종장은 요셉의 예언대로 복직했으나, 요셉과 한 약속은 잊어버렸다. 술을 맡은 시종장은 요셉을 감옥에 가두었던 보디발보다 높은 직위에 있어서 요셉과 했던 약속을 지킬 수 있었으나, 아마 하찮은 젊은 외국인 죄수와 약속을 지킴으로 정적을 만들고 싶지 않았는지도 모른다.

요셉은 술을 맡은 시종장이 감옥에서 나가고 난 뒤 좋은 소식이 오기를 기다렸다. 그러나 아무리 기다려도 좋은 소식은 오지 않았다. 실망은 했지만 정치인들의 약속에 대한 실행여부를 누구보다 잘 알고 있었기 때문에 실망의 시간은 오래가지 않았다.

어두운 감옥은 여전히 변함없는 현실이었다. 요셉은 그런 가운데서도 외로움과 고통을 만져주시고 위로해 주시는 하나님의 은혜를 소망했다. 요셉은 냄새나고 어두운 감옥에서 신선한 공기와 더불어 언젠가는 밝아올 새 아침을 기다리고 있었다.

어느 날 아침, 파라오가 특별한 꿈을 꾸었다. 별 것 아닌 꿈을 꾸었지만 두 번에 걸쳐 비슷한 내용의 꿈을 꾸었기에 파라오는 그 꿈의 분명한 해석을 듣고 싶었다.

> 나일 강가에 서 있는데, 잘생기고 살이 찐 암소 일곱 마리가 강에서 올라와서 갈밭에서 풀을 뜯는다. 그 뒤를 이어서 흉측하고 야윈 다른 암소 일곱 마리가 강에서 올라와서 먼저 올라온 소들과 함께 강가에 선다. 그 흉측하고 야윈 암소들이 잘생기고 살이 찐 암소들을 잡아먹는다. 바로는 잠에서 깨어났다(창 41:1-4).

그는 다시 잠들어 또 꿈을 꾸었다.

> 이삭 일곱 개가 보인다. 토실토실하고 잘 여문 이삭 일곱 개가 나오는
> 데, 그것들은 모두 한 줄기에서 나와서 자란 것들이다. 그 뒤를 이어서
> 또 다른 이삭 일곱 개가 피어 나오는데 열풍이 불어서 야위고 마른 것들
> 이다. 그 야윈 이삭이 토실토실하게 잘 여문 이삭 일곱 개를 삼킨다(창
> 41:5-7).

파라오는 나라의 술객들과 박사들을 모두 불러 꿈을 해석하라고
하였다. 꿈의 내용과 구조가 간단한 것이었던 만큼 많은 이야기가 있
었다. 말쟁이들의 해몽은 그럴 듯 했으나 어느 것 하나 파라오의 마
음을 만족시킬 수 없었다.

정치꾼들이나 내신들보다 뛰어난 혜안을 가진 파라오는 말쟁이들
의 적당한 얼버무림에 넘어가지 않았다. 파라오는 정치적인 상황이
어수선해서 그런 꿈을 꾸었는지도 모른다고 생각하며 고민이 깊어갔
다.

당시 파라오의 지혜자들은 왜 꿈을 해석할 수 없었을까. 그들은 많
은 능력을 가지고 있었고, 여러 형태의 꿈들을 많이 풀어본 자들이었
다. 그러나 그들의 해석은 자신들의 인격을 넘어서지 못했다.

이스라엘의 참 선지자들이 스스로 이해하지도 못하는 내일의 말씀
이라도 서슴지 않고 예언한 것과 달리, 이집트의 지혜자들은 자신들
의 인식 밖의 일은 감히 말할 수가 없었다. 무엇보다도 파라오의 지
혜자들은 좋은 말을 해서 왕을 기쁘게 하는 데 익숙한 사람들이었다.
그러므로 불길한 꿈을 바르게 해석할 용기가 없었다. 그리고 그런 흉

한 일들이 이집트에서 일어나지 않기를 바랐다.

그런 점에서 파라오의 지혜자들은 이스라엘의 거짓 예언자들과 매우 닮았다. 파라오의 지혜자들은 사람들의 욕망을 따라 학문이라는 미명 하에 돈을 버는 데 익숙한 종교인들이었다. 그렇기 때문에 그들은 자신들의 한계를 벗어날 수가 없었다.

파라오가 술객들과 박사들이 해석한 내용에 만족하지 못하자 옆에 있던 술을 맡은 시종장이 파라오에게 요셉에 대한 이야기를 꺼냈다. 술을 맡은 시종장은 감옥에서 나와서도 계속해서 같은 자리에서 2년이나 파라오의 비서 역할을 하고 있었다. 그런 점에서 그는 능력과 신임이 있었던 인물이었다.

술을 맡은 시종장이 요셉을 소개하는 것은 위험이 따를 수도 있는 일이었다. 그의 행동은 자칫하면 왕의 술객들과 박사들을 무시하는 것으로 비칠 수 있었다. 박사들은 전공이 꿈 해석인데 반하여, 요셉은 젊고 볼품없으며 배우지 못한 히브리 종에 불과하지 않은가. 요셉이 꿈을 해석하지 못하면 술 맡은 시종장은 또 다른 모함에 빠질 수도 있다. 그러나 그는 개인적인 불이익을 감수하고 자신의 지난 허물까지 이야기하면서 혹시나 하는 마음으로 파라오에게 요셉을 소개했다.

요셉은 왕을 알현(謁見)하기 위하여 입고 있던 누더기의 죄수복을 벗었다. 목욕으로 더러운 냄새를 없애고, 수염도 깎고 옷을 단정히 입었다. 그리고 보니 누더기와 너저분한 용모 속에 감추어져 있던 요셉의 지혜가 빛나 보였다.

요셉이 파라오 앞에 섰다. 파라오는 자신이 꾸었던 꿈을 요셉에게 자세히 말했고, 요셉은 왕의 꿈을 들은 후 해석을 했다.

임금님께서 두 번 꾸신 꿈의 내용은 다 같은 것입니다. 임금님께서 장차 하셔야 할 일을 하나님이 보여 주신 것입니다. 그 좋은 암소 일곱 마리는 일곱 해를 말하고, 잘 여문 이삭 일곱 개도 일곱 해를 말하는 것입니다. 두 꿈이 다 같은 내용입니다. 뒤따라 나온 야위고 흉측한 암소 일곱 마리나, 열풍에 말라 버린 쓸모없는 이삭 일곱 개도, 역시 일곱 해를 말합니다. 이것들은 흉년 일곱 해를 말하는 것입니다.

이제 제가 임금님께 말씀드린 바와 같이 임금님께서 앞으로 하셔야 할 일을 하나님이 보여 주신 것입니다. 앞으로 올 일곱 해 동안에는 온 이집트 땅에 큰 풍년이 들 것입니다. 그러나 곧 이어서 일곱 해 동안은 흉년이 들 것입니다. 그렇게 되면 이집트 땅에 언제 풍년이 있었더냐는 듯이, 지나간 일을 다 잊어버리게 될 것입니다. 그리고 기근이 이 땅을 황폐하게 할 것입니다. 풍년이 든 다음에 오는 흉년은 너무나도 심하여서 이집트 땅에서는 아무도 그 전에 풍년이 든 일을 기억하지 못할 것입니다.

임금님께서 같은 꿈을 두 번이나 거듭 꾸신 것은, 하나님이 이 일을 하시기로 이미 결정하시고, 그 일을 꼭 그대로 하시겠다는 것을 말씀해 주시는 것입니다. 이제 임금님께서는 명철하고 슬기로운 사람을 책임자로 세우셔서, 이집트 땅을 다스리게 하시는 것이 좋을 듯합니다(창 41:25-33).

요셉은 꿈을 해석하기 전에 꿈 해석은 하나님께 있다고 말하면서 자신은 메신저에 불과하다고 했다. 그러므로 그는 길한 해몽과 아울러 흉한 예언도 서슴지 않고 말했다.

요셉은 감옥에 있을 때, 복직한 술을 맡은 시종장의 길한 꿈을 해몽했지만, 떡을 굽는 시종장이 목매어 달릴 것이라는 흉한 해석도 서슴없이 말했었다. 요셉은 해석이 잘못되면 살아남지 못한다는 것을 알았지만 단지 메신저의 역할에 충실했다.

해석으로 얻은 영광

파라오와 모든 신하들은 요셉의 꿈 해석에 이의를 달지 않았다. 그러자 파라오는 요셉의 지혜를 칭찬하며 요셉을 총리로 임명했다.

"네가 나의 집을 다스리는 책임자가 되어라. 나의 모든 백성은 너의 명령을 따를 것이다. 내가 너보다 높다는 것은, 내가 이 자리에 앉아 있다는 것뿐이다."

바로가 또 요셉에게 말하였다.

"내가 너를 온 이집트 땅의 총리로 세운다. 너는 내 집을 치리하라 내 백성이 다 네 명을 복종하리니 나는 너보다 높음이 보좌뿐이니라."

바로가 또 요셉에게 이르되

"내가 너로 애굽 온 땅을 총리하게 하노라"(창 41:40-41).

성경에는 파라오가 요셉의 해석을 듣고, 즉시 총리로 임명하는 것처럼 그려져 있다. 시간적으로는 즉시나 다름이 없을 정도의 시간이었다. 그러나 그 과정을 추리해 보면 파라오의 순간적이고 즉흥적인 판단에 의한 선택이라고는 볼 수 없다.

여왕벌이 로열젤리를 먹고 자라는 것처럼, 파라오는 왕도의 교육을 받고 왕이 되었으며 학문이나 지혜를 많이 가지고 있었다. 그러므로 많은 부분에서 신하들이 따라올 수 없는 혜안을 가지고 있었다.

신하들은 왕의 명령 아래 놓여 왕을 보좌하지만 자신의 정치적 이익이라는 한계에서 벗어나지 못한다. 그러나 왕은 최고의 권좌에서 전체를 통괄하는 관점에서 나라를 다스리기 때문에 많은 혜안이 있다. 그런 혜안을 가진 파라오는 요셉을 첫 눈에 알아보았다. 요셉의 반짝이는 지혜가 어느 신하들보다 탁월하다는 것을 발견했다.

　파라오는 요셉을 총리에 앉히기 위해 기존의 총리를 그만두게 하는 구실을 만들었을 것이다. 그리고 요셉의 인물됨과 능력을 검증하는 조사 과정도 있었다. 아무런 검증 없이 가나안 땅에서 노예로 팔려온 젊디젊은 청년을 나라의 2인자로 세울 수는 없지 않은가.

　파라오는 요셉이 보디발의 집에서 겪었던 일들을 들었다. 정직하고 열심히 일했는데도 감옥에 갔던 이야기가 그때에 비로소 밝혀졌다. 감옥에서 지내던 일도 들었다. 파라오는 요셉과 독대를 하면서 요셉의 지혜가 어디에서 온 것인지를 확인했다.

　왕은 흡족했다. 왕은 이제 번민에서 벗어나 새로운 왕국의 번영을 꿈꾸는 가운데 요셉을 총리의 자리에 앉히고 권위를 주었다. 파라오는 자기의 인장 반지를 빼어 요셉의 손에 끼워주었다. 세마포 옷을 입히고 금사슬을 목에 걸어 주었다. 버금수레에 요셉을 태워 모든 사람들이 엎드려 절하게 했다. 요셉의 지위에 걸맞게 이름도 다시 지어 주고, 명문가의 딸을 아내로 주어 요셉의 입지를 튼튼하게 해 주었다. 그때 요셉의 나이 30세였다.

6. 요셉의 **아내**

그가 요셉의 이름을 사브낫바네아라 하고 또 온의 제사장 보디베라
의 딸 아스낫을 그에게 주어 아내로 삼게 하니라…(창 41:45).

운명적인 결혼

요셉은 결혼에 대해서 어떤 생각을 하고 있었을까. 그는 30세가 다되어 가도록 감옥에 있었기 때문에 최고의 관심사는 결혼보다는 자신의 억울함이 상소되어 무고를 푸는 일이었다. 그러므로 결혼에 대한 생각을 구체적으로는 할 수 없었다.

그러나 청년이었던 요셉은 단조로운 감옥 속에서 결혼에 대한 달콤한 꿈을 꾸기는 했을 것이다. 그러나 그 모든 꿈은 감옥에 있는 이상 그야말로 꿈이었다. 그럼에도 요셉은 자신이 가지고 있는 충만한 지혜를 감지하고 있었기에 좌절하지 않고 여호와 하나님의 때를 기다리고 있었다.

요셉에게 드디어 결혼의 때가 왔다. 그로서는 한 번도 상상해 보지못한 방식의 결혼이었다. 당시의 고위 관리들은 대부분 정략적인 결

혼을 하였는데, 총리가 된 요셉도 총리의 격에 맞는 결혼을 해야만
했다.

전국을 다스리는 총리에게는 지혜가 있어야 할 뿐 아니라, 정치를
하는 데 도움이 될 세력이 필요했다. 파라오는 이 사실을 누구보다
잘 알고 있었고, 요셉의 배경 세력이 되어줄 적임자를 지목해 두었
다. 그 사람은 이집트의 온(On) 지방의 제사장 보디베라라는 사람이
었고, 그에게는 딸이 있었다.

파라오는 온(On)의 제사장 보디베라의 딸 아스낫을 요셉에게 주어
아내가 되게 하였다. 요셉은 선택의 여지가 없는 운명적인 결혼을 하
였다. 그것도 이방 여인과의 결혼이었다. 아스낫은 여호와 하나님에
대한 믿음이 없었고, 오히려 이집트의 신들을 섬기는 아버지의 영향
을 받은 여인이었다.

성경은 두 사람의 결혼 생활에 대한 언급을 한 마디도 하지 않고
있다. 성경을 읽는 독자들은 이방 여인과 결혼한 요셉의 결혼 생활에
대한 의문만 갖고 있을 뿐이다. 이방신을 믿는 여인, 그것도 권위 있
는 제사장의 딸과 결혼한 요셉은 과연 행복한 결혼 생활을 했을까.

혈통과 가문을 중히 여겼던 옛날 유대인들에게 결혼은 중요한 문
제였다. 그래서 옛날 유대인들은 하나님만 섬겼던 요셉이 과연 다신
교와 관련된 이교 제사장의 딸을 아내로 취했을까 하는 의문을 가지
고 있었다.

5세기까지 내려온 유대인의 전설에 의하면(진정성은 없어 보이지
만) 요셉이 이방신을 섬기는 아스낫과 결혼했지만, 아스낫은 개종했
을 것이라고 한다. 또한 파라오도 하나님을 인정하였으니(창 41:38-
39) 고관들도 종교적 지도를 받았을 것이라고 추측한다.

보디베라

보디베라는 이집트의 온(On) 지방의 종교지도자였다. 당시에 온 지방은 종교적인 영향력이 상당했던 것으로 보인다. 보디베라의 이름은 태양신에 속한 자라는 의미이다. 요셉을 감옥에 가둔 보디발의 이름도 태양을 주는 자라는 의미이다. 이렇듯 당시의 권력자들은 태양신과 관련된 이름을 가지고 자신의 권위를 유지하려고 했다.

보디베라는 종교지도자답게 바른 정신과 상당한 지혜를 가진 사람이었을 것이다. 당시 요셉의 자질을 바로 볼 줄 알았던 파라오가 요셉의 장인으로 선택한 것으로 보아 이런 가정이 가능하다. 보디베라는 종교의 권위자일 뿐만 아니라 당시 이집트의 종교가 학문과 밀접하게 연관이 있었던 것으로 보아 학문에도 깊은 안목이 있는 사람이었다.

그때까지 여호와 하나님을 섬기는 사람들은 야곱과 그의 자녀들밖에 없었고, 하나님을 섬기는 것과 관계된 어떤 책이나 예법도 없었다. 그러므로 학문으로 따지면 집대성 된 이집트의 학문에 견줄 바가 되지 못했다. 모세가 이집트의 학문을 다 배워서 말과 행동에 탁월하였다(행 7:22)고 한 것으로 보아 이집트의 학문을 하찮은 이교문화라고 폄하할 수는 없어 보인다.

학자들은 요셉이 있던 당시에 도구도 없었는데 어떻게 거대한 돌을 사막으로 옮겼으며, 그 돌을 정확하게 절단하였는지 그 피라미드의 신비를 지금도 풀지 못하고 있다. 그래서 어떤 이들은 피라미드를 외계인이 만들었다는 말까지 한다. 이처럼 이집트의 문화와 학문은 당시로서는 대단한 것이었다.

보디베라가 당시에 온 지방의 영향력 있는 종교지도자였고, 파라오의 지목을 받은 사람이었다는 점을 고려해 볼 때 그는 인격이나 학식, 정신적인 모든 부분에서 상당히 갖춘 사람이라고 생각해 볼 수 있다.

여인 아스낫(Asenath)

아스낫이라는 이름은 이집트 여신에 속한 자라는 뜻이다. 그녀의 이름은 BC 664년 이후 2세기 동안 이집트에서 많이 사용되었던 이름으로 종교적인 위엄이 있는 이름이다.

아스낫도 결혼에 있어서 선택의 여지는 없었다. 상류층의 사람들은 권력과 부를 유지하기 위한 정략결혼을 당연하게 생각했기 때문에 그녀도 정략결혼을 하는 것을 당연하게 여겼다.

고위 관리의 아내가 된다는 것은 평민들로서는 중압감을 받을 수 있는 일이지만, 아스낫에게는 무리 없는 자리였다. 아스낫은 명문가의 자녀로 자라서 한 나라 총리의 아내가 될 수 있을 정도로 교양과 품위를 갖추고 있었다.

명문가의 자녀들은 특별하게 자란다. 그들은 어릴 때부터 특별한 교육을 받으며 다양한 경험을 통해 일찌감치 넓은 시야를 갖게 된다. 그들은 좋은 스승과 많은 책을 접하고, 고급 정보들을 가지면서 중산층의 자녀들과는 다른 관점을 갖게 된다. 경제적인 여력이 있는 만큼 많은 여행을 하며 폭 넓은 경험을 쌓기도 한다. 그리고 부모의 뒤를 이어 지도자의 반열에 올라 많은 사람에게 영향을 미치기도 한다.

그러나 그들이 다 부모의 뒤를 이어 지도자의 반열에 오르는 것은 아니다. 그들 중에 많은 숫자는 오히려 망나니로 전락하기도 한다. 왜냐하면 그들이 배우는 학문은 거짓이 없는데 부모들의 정치와 행동은 이중적이라는 것을 점차 알아가면서 혼란을 겪기 때문이다. 그런 것을 극복하지 못한 자녀들은 어려서부터 돈을 마구 쓰며 향락만 일삼는 불량배가 된다.

그러나 아스낫은 명문가 집안의 딸로서 어릴 때부터 아버지의 좋은 정신을 이어 받으며 긍정적으로 자란 것 같다. 성경은 아스낫을 온 제사장 보디베라의 딸이라고 두 번 언급하고 있다. 이것은 아스낫이 나름대로 가문과 종교에 대한 자부심을 가지고 있었다는 것을 말해준다.

아스낫은 어릴 때부터 아버지를 통해 종교와 학문을 배워서 사물의 이치를 알았을 것이다. 그리고 넘치지 않는 정숙한 여인으로 자라갔다. 또한 그녀는 이치를 따지지 않고 미신적인 태도로 신을 섬기는 대중적인 신자들과는 달랐을 것이다. 그렇기 때문에 그녀는 종교적인 맹신자가 아니라 종교와 인륜의 원리를 어느 정도는 배운 사람이었다고 짐작해 볼 수 있다.

아스낫과 요셉이 공유한 감정의 뿌리는 진리와 대원칙이었을 것이다. 서로의 신에 대한 명칭은 달랐지만, 순리와 평화를 따르려는 그들은 오히려 동반자가 되었다.

형식적인 종교보다는 위대한 사랑과 지혜의 눈을 가진 남편 요셉은 아스낫의 마음에 평안을 주었다. 결혼 생활을 계속해 가면서 요셉은 아스낫에게 여호와 하나님에 대한 이야기를 해 주어 아스낫이 새로운 사명을 가지게 해 주었다. 인류를 구하려는 숭고한 목적을 가진 요셉과 아스낫은 자연스럽게 서로에게 배필이 되어갔다.

므낫세와 에브라임

요셉과 아스낫은 두 아들을 낳았다. 성경은 아스낫이 흉년이 들기 전에 두 아들을 낳았다고 기록하고 있다.(창 41:50) 흉년이 들기 전에 아들을 낳았다는 것은 풍년에 아들을 낳았다는 의미이다. 여기에서 말하는 풍년은 단지 농사의 풍년만을 의미하는 것이 아니다. 요셉과 아스낫이 풍성한 결혼 생활을 통해 가정의 기초를 튼튼히 세웠다는 것을 말하려는 문학적인 표현으로 생각해 볼 수 있다.

요셉은 첫 아들을 낳고 '하나님이 나로 나의 모든 고난과 나의 아버지의 온 집 일을 잊어버리게 하셨다.'는 뜻으로 므낫세라 지었다. 둘째 아들은 '하나님이 나로 나의 수고한 땅에서 창성하게 하였다.'라는 뜻으로 에브라임이라 지었다.

요셉은 자신의 이름이 사브낫바네아라는 이집트 방언의 이름인데 반하여 아들들의 이름은 이집트 이름으로 짓지 않고, 히브리 이름으로 지었다. 요셉이 그런 방식으로 아들들의 이름을 지었다는 것은 그가 영적인 권위로서 가정을 잘 다스렸다는 것을 말해준다.

요셉은 많은 형제들 가운데 자라면서 치열한 경쟁의 영향 때문이었는지 아니면 아스낫이나 요셉이 아이를 더 낳을 수 없었던 건강상의 문제가 있었는지 모르겠지만 아들을 둘 밖에 낳지 않았다. 요셉은 두 아들을 이집트에서 낳아 키웠지만 이집트의 아들이 아닌 이민자의 아들로 키웠다. 그리고 그들로 하여금 보이지 않는 나라를 바라보며 살도록 키웠다.

무엇보다 요셉은 자녀들의 신앙교육에 있어 이집트의 다신론에 젖은 가치관에 영향을 받게 하지 않았다. 유일신 여호와 하나님 중심의 신앙교육을 했다. 요셉은 자신이 믿은 하나님이 두 아들의 하나님이 되게 했고, 그의 가치관이 두 아들의 가치관이 되게 했다. 후에 므낫세와 에브라임이 이스라엘의 열두 지파 중의 두 지파가 된 점을 통해 이를 알 수 있다.

요셉의 깊은 영성에 영향을 받은 므낫세와 에브라임은 청년이 되어서도 이집트의 외형적으로 거대한 종교에 물들지 않고, 여호와의 약속에 뿌리를 내렸다. 그들의 영성은 임종을 앞 둔 할아버지 야곱이 정확하게 알아볼 수 있을 정도로 뛰어났다. 임종을 앞 둔 야곱이 요셉이 왔다는 이야기를 듣고 기력을 다하여 침상에서 일어나 앉았다. 그리고 요셉에게 이렇게 말하였다.

> 전능하신 하나님이 가나안 땅 루스에서 나에게 나타나셔서 거기에서 나에게 복을 허락하시면서 나에게 이르시기를 '내가 너에게 수많은 자손을 주고, 그 수가 불어나게 하겠다. 내가 너에게서 여러 백성이 나오게 하고, 이 땅을 너의 자손에게 주어서 영원한 소유가 되게 하겠다' 하셨다. 내가 너를 보려고 여기 이집트로 오기 전에 네가 이집트 땅에서 낳은 두 아이는 내가 낳은 아들로 삼고 싶다. 르우벤과 시므온이 나의 아들이듯이 에브라임과 므낫세도 나의 아들로 한다. 이 두 아이 다음에 낳은 자식들은 너의 아들이다. 이 두 아이는 형들과 함께 유산을 상속받게 할 것이다(창 48:3-6).

야곱은 눈이 어두워졌지만, 그가 가졌던 신앙이 요셉을 거쳐 므낫세와 에브라임에게로 이어진 것을 감지했다. 성경에는 야곱이 므낫세와 에브라임을 알아보는 장면이 상세히 기록되지 않았지만, 그들과 이야기를 나누는 가운데 그들의 신앙을 확인했을 것이다.

야곱은 므낫세와 에브라임에게 입을 맞추고 끌어안았다. 죽음을 앞두고 그들에게 축복하기를 원했다. 요셉이 맏아들 므낫세를 야곱의 오른쪽에 서게 하고, 둘째 아들 에브라임은 야곱의 왼쪽에 서게 했다. 그런데 야곱은 손을 엇갈리게 내밀어 오른손으로 둘째 아들 에브라임의 머리에, 왼손으로 맏아들 므낫세의 머리에 얹어 축복하였다. 이를 못마땅하게 여긴 요셉이 야곱의 오른손을 에브라임의 머리에서 므낫세의 머리로 옮기고자 하였다.

"아버지의 오른손을 큰 아이의 머리에 얹어야합니다."

야곱은 거절하며 말하였다.

"애야, 나도 알고 있다. 므낫세도 한 민족의 조상이 되어 크게 되겠지만, 그의 동생은 그보다 더 크게 되어 그 후손이 여러 민족을 이룰 것이다."

에브라임과 므낫세는 야곱이 축복한 대로 르우벤과 시므온처럼 야곱의 큰아들과 둘째 아들의 축복을 받았다. 특별히 에브라임 지파 중에서는 드보라 여호수아, 사무엘과 같은 영웅들이 나왔고, 므낫세 지파에서는 기드온 같은 인물이 나왔다.

요셉은 비록 이방 여인과 결혼할 수밖에 없는 운명이었지만, 두 아들을 믿음으로 잘 키웠고, 그들은 훌륭하게 자라 이스라엘의 두 지파를 형성하였다. 이런 결과를 통해 볼 때 요셉의 아내 아스낫은 요셉의 믿음에 매료되었고, 자녀들을 교육하는 데 자신의 가치관을 양보하였던 것 같다. 개종이라는 형식적인 절차는 밟지 않았어도 그녀가 여호와 하나님을 믿었다는 생각은 충분히 가능한 이야기다.

결혼도 지혜로

믿음의 조상들은 그들의 믿음의 정통성을 유지하고 이어나가기 위해 후손을 얻는 일을 아주 중요하게 생각하였다. 믿음을 이어갈 후손을 얻는 일은 우선 결혼을 잘하는 일에서부터 시작되었다.

결혼은 단순히 남녀가 만나서 후손을 얻는 일만은 아니다. 결혼은 육체의 결합뿐 아니라 영혼의 결합이다. 자녀는 아버지의 영향뿐 아니라 어머니의 영향도 받는다. 이방 여인과 결혼하면 이방의 문화뿐만 아니라 종교적 영향까지 받는 일은 당연한 일이다.

그래서 믿음의 조상들은 후손들이 믿음의 정통성을 이어가도록 하기 위해서 결혼을 신중하게 생각하였다. 믿음의 조상들이 후손을 얻고, 후손의 배우자를 얻게 하는 과정을 통해 그들이 생각한 후손과 결혼의 중요성을 살펴보자.

요셉의 증조부 아브라함은 부르심을 받았을 때에 땅만 약속 받은 것이 아니라, 큰 민족을 이루어 주실 것이라는 약속도 받았다. 아브라함은 부르심을 받았을 당시에 땅도 없었고, 자녀도 없었지만 하나님이 이루어 주실 것을 믿었다.

그러나 하나님은 그 약속을 속히 이루어 주시지 않았다. 아브라함은 아무리 기다려도 하나님의 약속이 이루어지지 않자, 인간적인 시도를 했다. 그의 성실한 종 엘리에셀을 후계자로 생각하기도 했고, 이집트에서 데려온 여종 하갈을 통해서 낳은 이스마엘을 후계자로 생각했다가 가정이 더 어렵게 되는 수난을 당하기도 했다.

하나님은 아브라함의 몸에서 날 자가 아브라함의 후계자라고 말씀하셨다(창 15:4). 이 말씀은 아브라함과 사라가 한 몸이라는 전제가 포함되어 있는 말씀이다. 하나님은 부부를 한 몸으로 보셨다(창 2:24). 그런데 아브라함은 그 말씀을 바르게 이해하지 못했다. 아브라함은 사라가 아니라도 자신의 혈통에서 나는 자면 후계자가 될 것으로 생각했다. 그래서 하갈을 통해 낳은 이스마엘을 오랫동안 후계자로 생각하였다.

하나님은 아브라함의 몸을 통해 후손을 주시기 위해 아브라함뿐만 아니라 사라도 생각하시고 이집트의 파라오와 그랄 왕 아비멜렉으로부터 사라를 보호하였다. 기다리지 못한 아브라함은 인간적인 생각과 계획으로 후손을 얻고자 하였지만, 하나님은 신실하게 아브라함과 사라를 끝까지 보호하였다가 약속의 아들 이삭을 주셨다.

아브라함이 후손을 얻기까지 시행착오와 갈등을 많이 겪으며 훈련받은 것처럼, 이삭도 후손을 얻기까지 적지 않은 고민을 하며 기다렸다. 이삭은 어머니 사라가 죽고 외로운 가운데 결혼을 하기 위해 준비했다. 그때 그의 나이는 40세였다. 아브라함은 이삭이 가나안 족속의 딸과 결혼하지 않게 하기 위해 그의 종 엘리에셀을 시켜 고향의 같은 족속 중에서 이삭의 아내가 될 여인을 찾아오게 하였다. 엘리에셀은 아리따운 여인 리브가를 찾아왔고, 이삭은 리브가와 결혼하여 사라가 죽은 후에 위로를 얻었다.

이삭은 리브가와 결혼을 하고도 오랫동안 후손을 얻지 못했다. 이일로 이삭은 염려하며 아브라함이 느꼈던 기다림의 고통을 경험했다. 이삭은 여호와께 간구하여, 결혼한 지 20년이 지난 60세가 되어서야 쌍둥이 아들 에서와 야곱을 얻었다.

큰아들 에서는 이삭의 마음에 결정된 후계자였다. 이삭은 사냥을 잘하고 용감한 에서의 성격이 마음에 들었다. 그러나 에서가 데리고 온 며느리로 말미암아 늘 마음이 편하지 못했다. 그러던 중에 작은 아들 야곱이 자신의 축복을 가로챈 것을 알게 되었고, 야곱이 후계자라는 것을 뒤늦게 깨달았다.

이후 이삭은 밧단아람으로 도망가는 야곱에게 부탁하기를 가나안의 딸들 중에서 아내를 취하지 말고, 외삼촌의 딸들 중에서 아내를 취하라고 하였다.

야곱도 할아버지 아브라함이나 아버지 이삭처럼 대를 이을 믿음의 후손을 얻기까지는 쉽지 않은 과정을 거쳐야만 했다. 결혼하는 일부터 쉽지 않았고, 결혼을 해서도 사랑하는 여인 라헬로부터는 오랫동안 아이를 얻지 못해 시련을 겪어야만 했다. 야곱은 산전수전을 겪고 잔꾀와 인간적인 야망이 사라지는 시점인 노인이 다 되어서야 믿음의 아들 요셉을 낳았다.

요셉은 조상들이 후손을 얻는 일과 결혼을 귀하게 여긴 것을 늘 마음에 두고 살았다. 왜 그것이 중요한지도 알았다. 그는 아버지와 여러 계모와 많은 형들을 보면서 자랐기 때문에 후손과 결혼에 대한 나름대로의 가치관을 가지고 있었다.

요셉은 비록 이방여인과 결혼을 하여 두 아들을 낳았지만, 하나님의 간섭하심이 있다는 것을 믿었다. 요셉은 두 아들을 낳아 키우면서 믿음의 정통성을 유지하기 위해 힘썼다. 조상으로부터 물려받은 믿음만은 다른 것에 양보하지 않았다. 노년에는 손자들까지 그의 무릎에서 키우면서 믿음의 대가 끊어지지 않도록 힘썼다.

고독을 잉태한 가장

사람들은 선택의 폭이 넓으면 욕심을 내거나 딴 생각을 한다. 또 선택의 여지가 없으면 운명에 맡기는 식으로 스스로 포기한다. 그러나 훌륭한 인물은 환경에 의해 조절당하는 것이 아니라, 오히려 환경을 지혜롭게 해석하고 스스로 절제한다.

요셉은 자신에게 닥치는 어떤 환경의 문제라도 잘 해결해 나갔다. 환경은 그 자체로서 생명이나 세력이 있는 것이 아니라 해석하고 인식하는 입장에 따라 다르다는 것을 알았다. 요셉은 오랫동안 종으로 있거나 감옥 생활을 하면서 그런 지혜를 터득했다.

요셉은 파라오의 선택에 의한 결혼을 했지만, 하나님의 섭리와 간섭하심이 있었다는 것을 받아들였다. 요셉은 아스낫이 배우자감으로 미인이었거나 아니었거나 상관이 없었다. 권문세가의 딸이었거나 아니었거나 하는 점도 큰 문제가 아니었다.

요셉은 꿈을 해석하거나 결혼을 하는 것과 같은 중요하고 큰일은 하나님께 묻고, 작은 일은 자기 마음대로 하는 이중적인 신앙을 가지고 있지 않았다. 큰일이나 작은 일이나 모든 일에 한결같은 믿음과 정신을 가지고 처리했다.

요셉은 한결같은 믿음을 가지고 살았지만, 우리가 고민하는 것처럼 늘 고민을 해야 했다. 나라를 다스리는 가운데 정적들로 인하여 긴장했으며, 이집트의 중대한 정책을 신중하게 결정해야 하는 심리적 부담감도 있었다. 한편으로는 자신과 가족의 정체성 문제로 염려하기도 했다. 요셉은 그로 인하여 더 깊은 묵상에 잠겼으며 고향을 생각하기도 했다.

아스낫이나 두 자녀들이 채워줄 수 없고, 하늘의 은혜로만 해결할 수 있는 외로움도 있었다. 그러나 그 외로움은 오히려 더 많은 사랑을 키울 수 있게 해 주었고, 소망의 주머니를 더 크게 만들어 주었다.

최고의 권력으로도, 행복하고 호화로운 가정으로도 해결할 수 없는 인간의 고독을 경험한 믿음의 족장은 먼 나라를 바라보았다. 나라의 주인이 왕이나 백성들이 아니며, 가정의 주인이 가장이 아닌 여호와 하나님이 되어야 한다는 것을 경험하며 그 나라에 대한 그리움이 깊어갔다.

7. 지략의 **정치인**

요셉에게 이르되 하나님이 이 모든 것을 네게 보이셨으니 너와 같이
명철하고 지혜 있는 자가 없도다 너는 내 집을 다스리라 내 백성이
다 네 명령에 복종하리니 내가 너보다 높은 것은 내 왕좌뿐이니라(창
41:39-40).
요셉이 애굽왕 바로 앞에 설 때에 삼십 세라 그가 바로 앞을 떠나 애
굽 온 땅을 순찰하니(창 41:46).

정치인 요셉

30세에 총리 취임식을 마친 요셉은 이집트를 통치하는 일을 시작
했다. 요셉은 이집트 온 땅을 순찰하며 백성들의 삶을 직접 눈으로
보았다. 수행한 관리들로부터 많은 것들을 들으며 장래의 통치 이상
을 그려보았다.

나일 강은 요단 강에 비하여 참으로 광대했다. 요단 강은 북에서
남으로 흐르는데 나일 강은 남에서 북으로 흘렀다. 대국 이집트 사람
들의 사고방식은 매우 다양하였다. 많은 일들이 새로 임직한 총리의
눈에 보였다. 그렇지만 일을 순서대로 하나씩 해 나간다면 그리 어려
운 것도 아니라는 생각이 들었다.

요셉은 종으로 있으면서 또는 죄수로 있으면서 나름대로 터득했던
원리를 따라 지혜롭게 일을 해 나갔다. 요셉은 왕의 비위나 맞추고

자신의 욕심에만 눈이 밝은 정치인과는 달리 먼 안목을 가지고 일을 했다.

요셉은 나름대로 분명한 철학이 있었기 때문에 누가 와서 공격하며 흔들어도 쉽게 요동하지 않았다. 파라오가 말했듯이 요셉은 하나님의 신에 감동된 사람이었기 때문이다. 자신에게서 나온 것이 아닌 하나님의 지혜에서 나온 정치력이 있었기 때문에 요셉은 언제나 침착하고 담담할 수 있었다.

총리의 자리는 반드시 영예로운 자리만은 아니다. 한편으로는 위험한 자리이며, 때로는 정적들에 의해 쫓겨나거나 아무도 모르는 사이에 모살당할 수도 있는 자리이다. 많은 사람들의 비판적인 시선과 경쟁을 견뎌내야 하는 자리이다. 요셉의 지혜는 그런 자리에서 소리 없이 빛을 발했다.

지혜의 최고봉은 정치다

시대를 막론하고 정치하는 사람들은 자신들의 잇속을 챙긴다. 그래서 사람들은 정치를 혐오하고 정치꾼을 도둑으로 생각하기도 한다. 깨끗하게 정치하는 사람들도 있지만, 혼탁한 정치 환경에서 깨끗한 사람들의 설 자리는 적다. 그러다 보니 어떤 정치인은 낙향하거나 학문에 전념하는 경우도 있다.

나라가 어지러우면 부패가 극심해져 청렴하고 지혜로운 재상이 필요하다. 이때 왕은 어진 신하를 생각하게 되고(國亂則思良相), 백성들은 새로운 정치를 열망하게 된다. 요셉은 그런 정치 환경에서 등용된 인물이다. 그렇지 않고는 파격적으로 젊은 타국인이 총리가 되지 못했을 것이다.

파라오는 요셉을 등용하기 전에 나라의 앞일에 대한 많은 근심을 가지고 있었다. 술을 맡은 시종장과 떡을 굽는 시종장이 감옥에 가는 혼란스러운 일도 있었다.

그러다가 파라오는 몽조가 있는 꿈을 꾸었고, 그 꿈을 해석하지 못한 사건을 통하여 무능하고 부패한 신하들의 밑바닥을 깊이 알게 되었다. 그런 가운데 자신의 오른팔 역할을 할 요셉을 만났다. 요셉은 정치적인 기반이 없었던 만큼, 기성 정치에 물들지 않았고, 파벌도 없었다. 그때의 요셉은 깊은 어둠에서 막 피어난 불꽃과 같았다. 한 줄기 빛을 본 파라오는 그를 놓치지 않았다.

정치적인 혼란기에 총리가 된 요셉은 파라오의 꿈으로 나타난 이집트의 내일에 대한 계획을 세웠다. 요셉이 총리가 되고 7년 동안 풍년이 와서 요셉의 예언이 적중되었다. 요셉은 그 기회를 잘 활용해서 자신의 입지를 다져나갔다.

요셉은 7년 풍년의 기간 동안 바다의 모래 같이 많이 넘쳐나는 곡물을 각 성에 저장하였다. 이것은 간단한 일 같지만 내일에 대한 확고한 예지와 청렴함이 없으면 하기 힘든 일이었다. 무엇보다 다가올 7년의 흉년을 준비하자는 요셉의 이야기는 배부른 정치인이 보기에는 어리석은 일로 보였을 것이다. 아마 요셉은 이런 일로 공격도 제법 받았을 것이다.

7년 풍년의 기간이 끝나고 기근이 들자, 요셉은 저장해 두었던 곡물을 백성들에게 팔았다. 백성들은 7년 흉년의 기간 동안 가지고 있던 돈을 곡물을 사는 데 모두 사용했다. 백성들은 돈이 없어 더 이상 곡물을 사지 못하자, 요셉에게 가축을 주고 곡물을 받았다. 해가 바뀌면서 더 이상의 돈도 가축도 없는 백성들은 그들의 몸과 땅을 요셉에게 팔았고, 파라오의 종이 되기를 원하였다.

백성들은 요셉에게서 종자를 받아 심기를 원했다. 요셉은 백성들이 원하는 대로 종자를 주어 추수량의 5분의 1을 파라오에게 상납하게 하였고, 5분의 4는 백성들이 취하도록 하였다.

결국 7년 흉년의 기간 동안 요셉은 이집트의 모든 땅을 다 사서 파라오에게 바쳤고, 땅에서 나는 소출의 5분의 1이 파라오의 소유가 되게 하는 새로운 토지법을 세웠다. 그러나 제사장의 토지는 사들이지 않고 그대로 두었는데, 제사장은 파라오에게서 녹을 받았기 때문이다.

요셉의 이런 정치를 볼 때 너무 야박하다는 느낌이 들기도 한다. 그러나 그런 시각은 어디까지나 자본주의와 사회주의의 혼합 가운데 사는 우리들의 느낌이다. 당시 이집트의 노예제도는 합법화된 문화였다. 노예제도는 오늘날의 신분제도에서 보면 불합리하지만 그 당시에는 나름대로 안정되어 있었으며, 백성들도 적응되어 있었다.

요셉이 다스리던 시대에 이집트는 안정되었고, 전성기를 이루었다. 온 나라가 풍요로웠고, 위기가 있어도 잘 극복했다. 이런 평안의 이유는 무엇인가. 좋은 시대가 좋은 정치인을 만드는가. 그렇지 않다. 지혜로운 가장이 행복한 가정의 울타리를 만들듯이, 훌륭하고 지혜로운 정치인이 나라를 안정되게 한다. 이집트의 안정은 요셉의 훌륭한 정치로 말미암은 결과였다.

중용의 정치

요셉은 오랫동안 이집트 사람들의 뇌리에 남아 있었다. 기록을 남기지 않았던 이집트의 고대사를 정확히 추측할 수는 없지만, 분명히 요셉은 선정을 했다. 요셉이 한순간에 권력을 잡아 일부 사람들과 결탁하여 정치를 했다면 역사는 그를 비난했을 것이다.

출애굽기에는 이스라엘 백성들이 고난 받는 이유를, 요셉을 알지 못하는 새로운 왕 때문이라고 두 번이나 언급하고 있다. 이 점으로 보아 몇 백 년 동안 이집트의 왕들과 백성들은 요셉의 선정을 기억하고 있었다는 것을 알 수 있다.

요셉은 백성들에게 선정을 베풀면서 오랜 기간 자신의 지위를 지킬 수 있었는데, 그 이유는 무엇이었을까. 무엇보다 요셉은 정치적으로 흠이 없었다. 이 말은 죄가 없었다는 말이 아니라 중심을 잃지 않는 중용이 있었다는 말이다. 그는 여호와 하나님의 말씀으로 늘 만족했기 때문에 힘 있는 사람을 좇으며 야합을 일삼을 필요가 없었다.

정치에서 중용을 잃으면 한 순간에 나락으로 떨어지게 된다. 많은 정치인들이 자신을 지지해 주는 집단이나 사람들에게 더 많은 이익을 주어, 자신의 지위를 확고히 하려고 한다. 그러나 사람들의 힘이란 기울기 마련이다. 그렇기 때문에 정치란 중용을 지키며 해야지 사람을 보고 하면 실패할 수밖에 없다.

중용을 잃고 야합으로 정치했는데도 성공하는 경우도 있다. 그러나 역사는 사실과 진리를 낱낱이 밝혀낸다. 그런 정치인이 죽으면 원한이 맺힌 사람들은 무덤을 파고 관을 꺼내어 목을 베는 부관참시(剖棺斬屍)도 마다하지 않는 것이 역사이다.

중용의 마음을 가지고 정치를 하면 누구든지 고루 가질 수 있도록 적절하게 분배하는 일에 관심을 가진다. 누가 더 가지면 누군가는 덜 가져야 되는 것이 현실이다. 어차피 정치란 제로섬(Zero-sum) 게임이다. 그것을 조정하는 것이 정치이다. 사랑과 용서로 모두가 승리하는 것이 종교의 원리라면, 적절하게 분배하여 고루 가지는 것이 정치의 원리이다.

요셉이 중용을 지킬 수 있었던 것은 보이는 것을 넘어 보이지 않는 것으로 만족했기 때문이다. 내적으로 만족했던 그는 사심으로 자신의 배를 채울 이유가 없었다. 그는 남이 초라하게 보든지 안보든지 상관하지 않았다. 요셉은 먼 나라를 바라보면서 자신의 일을 했을 뿐이다.

한마디로 요셉의 정치는 힘의 정치라기보다는 힘을 초월한 정치였다. 요셉은 힘만으로 정치를 하면, 많은 위험이 뒤따른다는 것을 잘 알고 있었다. 그러므로 요셉은 힘을 과시하거나 권력을 남용하지 않았다. 오히려 그는 많은 백성들을 섬기며 베푸는 일에 자신을 드렸으며, 자신을 백성들을 위한 축복의 통로로 생각했다.

인격과 정치

요셉의 정치관은 어려서부터 형성된 인격의 일부분이다. 만약 그의 정치관이 하루아침에 귀동냥으로 얻은 정보 같은 것이었다면, 뿌리가 없어서 말라버렸을 것이다.

그는 아버지가 가정을 다스리는 모습을 보면서 가장의 역할을 이해했고, 또 많은 형들의 틈에서 힘들게 자라는 가운데 경쟁이 무엇인지를 배웠다. 이집트에 와서는 보디발의 가정을 통괄하고 책임지는 가운데 회계의 원리를 배웠고, 사람을 어떻게 다스려야 하는지를 배웠다. 감옥에서는 부패한 권력자들의 정치 세계를 보며 인간존재의 본질을 깨달았다.

요셉은 파라오에 의해 어느 날 갑자기 등용되었지만, 그것은 하루 아침에 얻은 횡재가 아니었다. 요셉은 이미 기본적인 실력과 능력을 갖추고 있었으며, 그 실력은 많은 고통과 시련을 통해 오랫동안 다져진 것이었다. 요셉이 가졌던 실력은 겉으로 드러나는 권력이 아니라, 고차원의 인격과 덕이었다.

훌륭한 재상은 법이나 권력으로만 나라를 다스리지 않는다. 중국의 전설적인 인물인 요나라의 순 임금은 나라를 잘 다스리기로 유명하였다.

『사기』(史記)의 기록을 보면 순 임금은 원래 정치를 할 마음이 없었다. 그는 여러 번 왕의 자리를 사양했다. 그러나 계속된 권유로 왕의 자리에 올랐고, 왕이 되어서도 그런 마음을 견지하고 백성을 다스렸다. 얼마나 나라를 잘 다스렸던지 백성들은 왕이나 법이 필요가 없을 정도였다. 누구도 법을 어기는 사람이 없었기 때문이다. 모든 백성들은 천리(天理)를 따라 살았다. 순의 인격과 덕이 백성을 다스렸기 때문이다.

요셉도 순 임금처럼 덕으로 백성들을 다스렸다고 생각해 볼 수 있다.

우선, 요셉은 사사로운 욕심을 버리고, 선정을 위한 덕의 정치에 초점을 두었다. 요셉이 만약에 법의 힘만 믿고 사욕의 정치를 했다면 누군가에 의해서 모살을 당했거나, 지하 정치범 감옥으로 잡혀가고 말았을 것이다. 물론 요셉도 토지법을 만들기는 했지만, 사욕을 위해서 하지 않고, 왕이 백성을 위해서 선정을 하도록 하는 데 초점을 두었다.

요셉은 보디발의 집에 있을 때에 이미 사사로움에 대한 시험을 거친 사람이었다. 요셉은 자신의 권위를 적당하게 이용하여 사사로운 이익을 구할 수 있는 자리에 있었지만, 주인의 것으로 개인적인 이익을 취하지 않았다.

둘째, 요셉은 투명한 가운데 자연적인 흐름의 원리를 따라 정치를 하였다. 그러므로 분파를 만들 필요가 없었으며 순수함을 유지하였다. 정치의 흐름을 읽고 있었으니, 문제가 있으면 원인을 알 수 있었다. 그는 정치를 인위적으로 조장하지 않았고 큰 흐름에 맡겼다.

원리를 거스르고 욕심을 따르는 야심가는 정치를 하면서 모든 흐름을 자신의 손아귀에 넣어 주장하려고 비정상적인 방법을 동원한다. 정치의 흐름을 바꾸어 놓아 모든 제도를 자신에게 유리하게 만든다. 야심이 지나치면 혁명이나 쿠데타를 일으킨다. 그러다가 또 다른 비정상적인 방법을 시도하게 하는 동기를 제공하여 어느 날 같은 방법에 의해 쫓겨나고 만다.

셋째, 요셉은 이기적인 욕심을 가지지 않고 정치를 하였기 때문에 정치 자체로 인한 기쁨이 있었다. 다른 정치인들은 정치를 통해서 얻는 부산물에 목적을 두었지만, 그는 원리와 섬김 자체가 기쁨이었다. 만약 요셉에게 그런 기쁨이 없었다면 오랫동안 정치를 할 수 없었을 것이다.

기쁨이 없으면 사람은 새로움을 잃고 생기를 빼앗겨 화석화되어 버리고 만다. 그런 과정이 지속되면 감각을 상실하게 되고, 우둔하게 되어 올바른 판단을 할 수 없다. 그러다가 정치의 경쟁에서 뒤쳐져서 밀려나게 된다.

요셉의 맑은 인격은 파벌의 어지러움을 포용했고, 막힌 정치를 뚫을 수 있었다. 맑고 순수한 것은 어떤 환경에서도 사람에게 기쁨을 선사한다. 요셉의 인격으로 드러난 맑은 정치는 연약한 것 같지만 강했고, 법처럼 구속력은 없지만 법이 할 수 없는 사람의 마음을 얻었다.

위기를 비상(飛上)의 기회로

잠시 요셉과 비슷한 환경에서 총리를 한 다니엘과 그의 세 친구들에 대해서 살펴보며 정책을 수행하는 것이 얼마나 힘든 일인지 생각해 보자.

창세기에는 요셉이 총리직을 수행하면서 어려웠던 일을 다룬 기록은 없다. 그러나 다니엘서에는 다니엘이 이방 나라의 총리를 하면서 겪었던 어려움에 대해 비교적 상세하게 다루고 있다. 정치가 힘든 것은 옛날이나 오늘날이나 마찬가지이지만, 다니엘은 타국 땅에서 왕이 세 번이나 바뀌고, 많은 정적들의 모함으로 인한 죽음의 위기에서도 지혜롭게 총리의 일을 수행했다.

다니엘은 요셉과 시대적으로 많이 떨어져 있는 사람이지만, 요셉과 닮은 점이 많다. 다니엘도 신앙으로 자신의 위기를 극복하고, 왕의 꿈을 해석하여 총리가 되었다. 또한 그의 이름이 벨드사살이라는 바벨론식의 방언으로 불리기도 했다.

다니엘은 예루살렘이 바벨론 왕 느부갓네살에 의해 침공 당할 때 (BC 605년), 엘리트로 뽑혀온 귀족 자녀들 중의 한 사람이었다. 그들 중에는 다니엘의 세 친구인 하나냐와 미사엘, 아사랴도 있었다. 다니엘과 세 소년들은 지혜롭고, 신앙심이 투철한 소년들이었다.

느부갓네살 왕은 엘리트 소년들에게 바벨론 왕궁에서 교육을 받게 했고, 왕의 진미와 포도주를 먹게 했다. 3년 후에 왕을 모시는 일을 시키기 위해서였다. 그러나 다니엘과 세 소년들은 왕의 진미와 포도주로 그들을 더럽히지 않기를 원했다. 그래서 환관장에게 채식을 하게 해 달라고 하였다. 그러나 환관장은 그렇게 해 주면 자신이 위태해진다고 하였다.

다니엘과 세 소년들은 환관장에게 다시 구하기를, 열흘 동안만 채식을 하게 해 주어 그들의 얼굴이 왕의 진미를 먹는 소년들보다 못하면 환관장의 처분대로 하라고 하였다. 환관장은 다니엘과 세 소년들의 소원대로 열흘의 기회를 주어 그들을 시험하였다.

열흘 후에 다니엘과 세 소년들의 얼굴은 더욱 아름답고 윤택하여 왕의 진미를 먹는 모든 소년보다 나아보였다. 그들의 믿음과 지혜의 비밀이 얼굴에까지 드러나게 되었다. 그리하여 환관장은 다니엘과 세 소년들에게 왕의 진미와 포도주를 주지 않고, 채식을 주었다.

다니엘과 세 소년들이 3년의 과정을 마치고, 느부갓네살 왕 앞에 나가게 되었다. 왕은 그들의 지혜와 총명을 시험해 보았다. 왕은 그들의 지혜가 바벨론의 박수와 술객보다 열 배나 나은 줄을 발견하고 그들의 지혜를 칭찬하였다.

느부갓네살 왕은 대단한 야심가였고, 정치적인 지략가였다. 그는 왕위에 오르자마자 백성들의 관심을 받아 왕위를 굳건하게 하였고, 예루살렘을 침공하였다. 그 후 침공한 예루살렘을 무작정 파괴하지 않고, 마음에 드는 물건과 사람들을 사로잡아 왔다. 그리고 예루살렘을 속국으로 삼으며 다스렸다.

느부갓네살 왕이 즉위한 지 2년 즈음에 왕권에 어려움이 있었는지 술사(術士)들을 꿈으로 시험했다. 왕은 자신도 알지 못하는 무서운 꿈을 꾸고, 술사들을 불렀다. 술사들에게 자신이 꾼 꿈이 어떤 내용인지 알아낼 뿐 아니라, 해석도 말하라는 명령을 내렸다.

왕의 술사들은 왕의 명령이 부당하다고 말했다. 지금까지 그런 명령을 내린 관례가 없으며, 그 일은 신(神)들이나 할 일이지 사람들이 할 일은 아니라고 말했다. 그러나 왕은 그들의 말에 아랑곳하지 않고 진노하며 자신이 꾼 꿈의 내용과 해석을 말하지 못하면 모든 술사들을 다 죽일 것이라고 다그쳤다.

아마도 왕은 그 명령을 내리기까지 간단하지 않은 고민과 지략이 있었을 것이다. 새로운 정치를 하기 위하여 어떤 세력을 멸하거나, 신하들에게 어려움을 주어 자신의 사람을 가려내려는 의도였는지 모른다.

다니엘과 세 친구들도 술사에 속하였기 때문에 죽을 지경에 놓였다. 이에 다니엘은 여호와께 기도하였다. 다니엘이 밤에 기도하는 중, 왕의 꾼 꿈이 이상으로 나타나 보였다. 다니엘은 왕 앞에 나갔다. 왕에게 말하기를 "왕의 꾼 꿈은 박사나 술객이나 박수나 점쟁이가 말할 수 없고 오직 하나님만이 아십니다." 고 하였다. 그리고 기도하던 중에 이상으로 나타났던 왕의 꿈에 대하여 말하였다.

> 왕이시여, 대왕께서는 사람 모양의 거대한 신상을 보셨습니다. 그 신상은 크고 번쩍번쩍 광채가 나며 그 모양이 무섭게 생겼는데 그 머리는 순금이고 가슴과 팔은 은이며 배와 넓적다리는 놋이요 다리는 철이었습니다. 그리고 그 발은 일부분이 철이며 일부분은 진흙으로 되어 있었습니다.
> 대왕께서 그 신상을 보고 계실 때 사람이 손도 대지 않았는데 산에서 큰 돌 하나가 날아와 철과 진흙으로 된 발을 쳐서 부숴 버렸습니다. 그러자 철과 진흙과 놋과 은과 금이 일시에 다 부서져서 여름철 타작마당의 겨와 같이 되어 바람에 다 날아가 버리고 혼적조차 없어졌으며, 그 신상을 친 돌은 하나의 큰 산이 되어 온 세상을 가득 채웠습니다(단 2:31-35, 현대인의 성경).

그리고 해석도 덧붙였다.

> 그 신상의 금 머리는 바로 왕이십니다. 왕의 다음에는 왕의 나라보다 못한 다른 한 나라가 일어날 것이며 그 다음 세 번째에는 놋과 같은 나라가 일어나서 온 세계를 다스릴 것입니다. 그리고 마지막으로 네 번째 일어날 나라는 철처럼 강력한 나라가 될 것입니다. 철이 다른 모든 물건을 부수고 박살내듯이 그 나라가 세상의 모든 나라를 쳐서 부숴 버릴 것입니다.
> 대왕께서는 그 발과 발가락이 일부는 진흙으로 되었고 또 일부는 철로 된 것을 보셨는데, 이것은 그 나라가 나누어질 것을 뜻합니다. 그러나 대왕께서 보신 대로 거기에는 철과 진흙이 섞여 있었으므로 그 나라에는 철처럼 강한 점도 있을 것입니다.

그 발가락이 일부는 철이요 일부는 진흙으로 되었다는 것은 그 나라의 일부는 강하고 일부는 약한 것을 뜻하며, 또 이것은 사람들이 서로 다른 인종과 섞일 것이나 철이 진흙과 합해지지 않는 것처럼 그들이 하나로 결속되지 못할 것을 뜻합니다.

그리고 여러 왕들이 나라를 통치하는 시대에 하늘의 하나님이 영원히 멸망하지 않을 한 나라를 세우실 것입니다. 그 나라는 결코 정복당하지 않을 것이며 세상의 모든 나라를 쳐서 멸망시키고 영원히 존속할 것입니다.

대왕께서는 사람이 손도 대지 않았는데 산에서 떨어진 돌이 날아와 철과 놋과 진흙과 은과 금을 쳐서 부서뜨린 것을 보셨습니다. 이것은 크신 하나님이 장차 일어날 일을 왕에게 보여 주신 것입니다. 제가 왕에게 말씀드린 꿈과 해몽은 확실하고 믿을 만합니다(단 2:38-45, 현대인의 성경).

왕은 자신이 꾼 꿈의 내용과 해석을 정확하게 말하는 다니엘의 이야기를 듣고 다니엘을 칭찬했다. 그리고 다니엘을 높이며 귀한 선물을 많이 주었고, 바벨론 온 지방을 다스리는 총리로 삼았다. 또한 다니엘의 세 친구들도 바벨론 지방을 다스리게 되었다.

하루아침에 막강한 권력을 가진 다니엘은 주변의 시기와 경쟁의 대상이 되었다. 왕의 주변에서 권력을 맛보던 신하들은 타국의 젊은 사람이 총리가 된 것을 보고 참을 수 없었다. 다니엘이 바른 정치를 하여 착복할 틈을 주지 않자 더욱 미웠다.

그러자 그들은 다니엘의 식사예법과 사고방식이 자신들과는 다르다는 것을 내세워 불만의 요소로 삼기 시작했다. 같은 정치인으로서 다니엘과 공유할 수 있는 요소가 적었던 경쟁자들은 다니엘의 어떤 행동이나 생각도 마음에 들지 않았다. 그러나 완벽한 지혜로 총리의 일을 하던 다니엘에게서 어떤 흠도 찾을 수 없었다. 그럴수록 바벨론의 정치인들은 호시탐탐 다니엘을 궁지에 빠뜨릴 생각만 하며 노려보고 있었다.

권력의 자만에 점점 빠져들던 느부갓네살은 자신을 신격화하려고 했다. 그는 신하들을 시켜서 큰 신상을 만들어 두라(Dura) 평지에 두고 백성들에게로 절하도록 하였다. 그렇지 않을 경우에는 극렬히 타는 풀무에 넣을 것이라는 엄한 법까지 만들었다.

법을 많이 만드는 왕은 폭군인 경우가 많고, 주변에 간신배가 많은 것이 특징이다. 덕으로 백성들을 잘 다스리지 못하니까 법으로 자신의 지위를 보호하려는 것이다. 이런 왕 밑에서 총리를 하던 다니엘은 많은 한계를 느꼈지만, 불만을 이야기 할 수 있는 입장은 아니었다.

그 법을 만든 것은 다니엘의 정적들이 다니엘의 세 친구 하나냐와 미사엘, 아사랴를 제거하여 다니엘을 곤경에 처하게 하기 위해서였다. 신앙과 정치를 분리하지 않았던 순수한 다니엘의 세 친구들에게 위기가 닥쳤다. 그들의 모습은 풍전등화와 같았다. 그것이 나라를 잃고, 정치에 입문한 그들의 운명이었다. 어지러운 시절에 목숨을 부지하면서 자연스럽게 정치적인 분위기를 체득한 그들이었지만, 정치적으로 처신할 수 없어서 고민이 깊었다.

그들은 깨끗이 자신들의 삶을 불태우기를 작정하고, 왕의 신상에 절하지 않았다. 죽는 것은 자신들이 선택할 수 있는 일이었지만, 사는 것은 왕의 손에 있었다. 다니엘의 세 친구들은 왕 앞에 끌려나왔다.

왕은 자신이 높여 준 관리가 법을 어기고, 명령을 무시한 것이 화가 났다. 왕은 세 사람에게 이제라도 나팔소리가 나면, 우상에게 절을 할 것을 부탁했으나, 그들은 왕에게 목숨을 구하지 않았다. 그래서 더욱 화가 난 왕은 평소보다 일곱 배나 뜨거운 풀무를 만들라고 했다. 풀무불은 얼마나 뜨거웠던지 다니엘의 세 친구를 던져 넣으려고 그들을 데리고 간 사람을 태워버렸다.

불에 던져진 다니엘의 세 친구들은 불 속에서 걷고 있었다. 더욱 놀라운 것은 세 사람을 던졌는데 네 사람이 걷고 있는 것이었다. 놀란 왕은 타는 불 앞에서 그들을 부르며 나오라고 했다. 그러자 세 사람들은 불에 그슬린 흔적도 없이 걸어 나왔다. 정금처럼 순결했던 그들은 불에 탈 것이 없었던 것이 증명되었다. 이후 왕은 그들의 신념과 신앙을 칭찬했으며, 직책을 더 높여 주었다.

주린 사자도 틈타지 못했던 순수함

다니엘의 지혜와 순수함은 왕이 바뀌고 나라가 바뀌어도 계속해서 필요했다.

바빌로니아를 정복하고 새롭게 왕이 된 사람은 메디아의 다리오였다. 그가 왕위에 있을 때에 120명의 관리들을 세워 전국을 통치하게 하고, 그들 위에 세 명의 총리도 두었다. 다니엘은 총리 중의 한 사람으로 관리들과 다른 총리들보다 뛰어난 인물이었기 때문에 왕은 다니엘을 세워 전국을 다스리게 했다.

시기심이 많았던 신하들은 다니엘을 고소하기 위해 늘 틈만 엿보고 있었다. 그러나 아무런 허물을 발견하지 못했다. 그들은 많은 방법을 사용하여 다니엘을 유혹했지만, 인간의 본성을 훤히 들여다보는 하나님의 사람은 그들의 유혹에 넘어가지 않았다. 결국 그들은 다니엘이 지키는 율법을 이용해서 다니엘을 죽이고자 했다.

다니엘이 항상 기도한다는 정보를 미리 수집한 그들은 왕에게 백성들이 30일 동안 어떤 신에게도 기도하지 못하게 하는 법을 만들기를 구했다. 나쁠 것도 없다고 생각한 다리오 왕은 신하들의 말대로 법을 만들고 금령을 내렸다. 금령을 어기는 사람은 사자 굴에 던져 넣기로 하였다. 기도하지 못하도록 하는 기간을 길게 하면 당시에 많은 신을 섬기던 백성들에게 반감을 살 수 있었지만, 30일 정도는 백성들을 시험할 좋은 기회이기도 했다.

다니엘은 그 법이 무엇을 의미하고 어떤 목적이 있는 줄 알았다. 그래도 그는 자신의 호흡과도 같은 기도하는 일을 멈출 수는 없었다. 물론 사람들이 보이지 않는 곳에서 기도해서 정적들의 고소를 피할 수도 있었다. 그러나 다니엘은 그 방법을 택하지 않았다. 그는 자기 집에서 예루살렘으로 향하여 열린 창에서 전에 행하던 대로 하루 세 번씩 무릎을 꿇고 기도하였다.

겉으로 보기에 다니엘의 이런 행동은 정치적인 도박에 목숨을 거는 것처럼 보인다. 하지만 다니엘은 분명 어떤 확신이 있었고, 정적들보다 몇 수 앞을 내다보고 있었다. 사자의 밥이 되어 순교자로 죽는 것이 개인적으로 더 유익하다고 생각했는지도 모르겠다.

정적들은 다니엘이 금령을 어기고 기도하는 모습을 발견하고 왕에게 고소하였다. 정적들의 말을 들은 왕은 다니엘에 대하여 화를 내기보다는 근심하며 다니엘을 구하려고 애썼다. 그러나 정적들은 계속해서 왕이 내린 금령을 시행하라고 하였다. 다니엘은 결국 사자 굴에 던져졌다.

　왕은 밤이 맞도록 금식하고 잠도 자지 않았다. 이튿날 아침에 왕은 급하게 사자 굴로 갔다. 왕은 슬피 소리 질러 다니엘에게 "하나님이 사자에게서 너를 구하셨느냐?" 하며 물었다. 그러자 다니엘이 말하기를 "하나님이 천사를 보내어 사자들의 입을 막아 나를 상하게 하지 않았습니다." 라고 말하였다. 왕은 매우 기뻐서 다니엘을 사자 굴에서 건져 올렸다. 사자 굴에서 나온 다니엘은 몸이 조금도 상하지 않았다.

　왕은 다니엘을 참소한 사람들을 가족들과 함께 사자 굴에 던지라고 명령했다. 그들은 굴에 닿기도 전에 굶주린 사자들에게 물려 죽고 말았다.

　연대를 계산해 보면, 다니엘은 약 90세까지 살았던 것 같다. 그는 세 명의 왕 밑에서 총리를 했다. 정치를 오래 한 만큼 역경도 많았다. 성경에 기록된 다니엘의 역경은 두 번 밖에 기록되어 있지 않지만, 그보다 많은 역경이 있었을 것이다. 그때마다 그는 같은 태도로 어려움을 이겨내었다. 죽으면 죽으리라고 한 에스더와 같은 마음으로 모든 일에 한결같이 임한 그에게는 참으로 형언할 수 없는 지혜가 있었다. 그에게는 빛나지만 번뜩이지 않고, 충만하지만 넘치지 않는 신의 지혜가 늘 함께 했다.

　다니엘은 출세하기 위해서 신앙을 접어두거나 희생시키지 않았다. 오히려 신앙이 없이는 출세가 아무런 의미가 없다는 것을 알았다. 그렇다고 믿음을 무기로 하여 무모한 시험을 하거나 신앙을 도구화하지도 않았다. 정치의 지혜의 근원이 어디서 오는 것인가를 잘 알고 있었기 때문이었다.

은혜를 따라 흐르는 지혜

　주목받던 정치인이 하루아침에 몰락하는 뉴스를 듣곤 한다. 그들은 평생을 성실과 정직으로 정치를 해 왔다고 말한 사람들이었다. 사람들은 그들이 지도자가 되어야 한다고 생각했다. 그런데 나중에 알고 보니 그들은 부정에 휘말렸다. 그들은 한사코 그런 일은 없었다고 발뺌했다. 모두들 그러기를 바랐다. 그러나 그들의 거짓은 얼마 가지 않아 탄로 났고, 얼마 후 그들은 은퇴를 선언하며 정계를 떠나고 말았다.

　그렇게 몰락한 이들 중에는 요셉을 알고, 다니엘을 알았던 사람들도 있었다. 물론 그들이 진정한 신자들이었는지 아니면 교인들의 표를 얻으려고 종교적인 제스처를 보여준 사람들이었는지는 모르겠다. 분명한 것은 그들에게는 요셉과 다니엘의 정신이 없었다는 점이다.

　요셉과 다니엘의 지혜는 정치적인 제스처로 흉내 낼 수 없는 것이다. 그것은 어깨 너머로 배울 수 있는 성질의 것이 아니다. 요셉과 다니엘의 지혜는 자신의 욕심을 비운 후에 순리를 따라 흐를 때 주어지는 하나님의 은혜이다.

　요셉과 다니엘이 오랫동안 총리 자리에 있을 수 있었던 것은 큰 흐름에 자신을 맡겼기 때문이다. 그들은 작은 지류에 욕심을 내지 않았고, 항상 일관성 있는 태도를 유지했다. 진리를 추구하며 정치를 했기 때문에 이중적이지 않았다. 그래서 과장되거나 위장된 말을 할 필요가 없었다.

　때로는 진리로 인해 오해도 받고 정적들도 생겨났지만, 진리는 정적들을 물리치게 했다. 결국 진리는 요셉과 다니엘을 흠이 없는 순결한 정치인이 되게 했다. 그 진리는 오늘도 우리 앞에 흐르며 참 지혜로 세상을 이끌고자 하는 사람들을 초청하고 있다. 소리 없이, 보이지 않게, 흐르는 깊은 은혜의 강으로.

8. 방황하는 **형제들**

그가 얼굴을 가리었으므로 유다가 그를 보고 창녀로 여겨 길 곁으로
그에게 나아가 이르되 청하건대 나로 네게 들어가게 하라 하니 그의
며느리인 줄을 알지 못하였음이라 그가 이르되 당신이 무엇을 주고
내게 들어오려느냐(창 38:15-16).

유다의 성(城)

요셉의 형들은 요셉을 상인들에게 노예로 판 후 어떻게 살았을까.
그들이 생각한 대로 미운 동생 하나 눈에 보이지 않자 마음이 시원
하고 편했을까. 그들은 당장에는 밉던 동생이 눈에 보이지 않아 마음
이 시원했다. 그러나 아버지가 없어진 동생 때문에 오랫동안 슬퍼하
는 모습을 보며 죄책감을 느꼈다. 특히 유다는 요셉을 파는 데 직접
적인 역할을 했으므로 더욱 죄책감에 시달렸다.

유다는 요셉을 팔고 난 후에 결혼을 하였다. 그런데 그의 결혼은
시작부터 잘못 채워진 단추 같았다. 유다는 조상들이 귀하게 여기는
결혼을 깊이 생각지도 않고 한 가나안 여인과 성급하게 결혼하였다.

유다에게는 히라라는 가나안 친구가 있었다. 유다는 히라의 동네
에 갔다가 한 여인의 아름다움을 보고 그녀를 아내로 맞아들였다. 성

경은 유다의 결혼을 짧은 말로 압축하고 있다.

"유다는 거기에서 가나안 사람 수아라고 하는 사람의 딸을 만나서 결혼하고 아내와 동침하였다."(창 38:2).

유다의 결혼은 아버지의 조언과 축복 속에 이루어진 결혼이 아니었다. 이방인 친구의 조언으로 이루어진 즉흥적인 결혼이었다. 유다는 결혼에 있어서 아버지의 축복보다는 친구의 제안이 좋았다. 유다가 너무 성급하게 결혼을 했다고 지적하는 동사를 보라.

'만나서, 결혼하고, 동침하니'

왜 유다는 아버지의 승낙도 없이 그렇게 빨리 결혼했을까. 유다의 성격은 동생을 팔 때부터 사려 깊지 못하고 급했던 면이 있었다. 그리고 요셉을 팔고 난 후 불안한 마음을 다스리지 못해 괴로워하면서 새로운 환경을 만들면 괴로움이 잊어질 것이라는 생각을 했는지도 모른다. 유다는 마음에 드는 한 여인을 맞이하면 과거를 잊고 행복해질 것으로 생각했다.

유다는 자신이 가진 죄책감 때문에 아버지 야곱과는 깊은 이야기를 주고받지 못했음에 틀림없다. 뿐만 아니라 아버지와 결혼에 대해서 대화를 나눌 수 없을 정도로 관계가 악화되어 있었다. 그런 가운데 유다가 가나안 여인과 성급하게 결혼한 것은 어쩌면 당연한 일이었는지도 모른다.

대부분의 어리석은 사람들은 일이 성사되기만 하면, 눈에 보이는 것이 전부라고 생각하는 경향이 있다. 그리고 자신의 판단에 신의 축복이 있을 것이라고 믿는다. 그렇지 않으면 무당이라도 불러서 굿을 하는 것이 불안한 사람의 심리이다.

유다는 내적인 안식처를 잃어버리자 외적인 안식처를 찾았다. 마치 가인이 동생을 죽이고 사람들의 낯을 피하여 성을 쌓고, 아들의 이름으로 성의 이름을 지은 것처럼 유다도 자신의 성을 쌓으려고 결혼이라는 방법을 택했다.

유다의 아들들

유다는 가나안 여인과 결혼하여 아들 셋을 낳았다. 아들들의 이름은 엘과 오난과 셀라였다. 유다는 아들들이 장성하자 큰아들 엘을 위하여 다말이라는 며느리를 데려왔다. 자신이 아버지를 제쳐두고 독자적으로 결혼한 것과는 사뭇 다른 모습이다.

자신이 아버지의 축복을 받지 못한 결혼을 했던 것이 마음에 걸렸는지 아들은 그의 축복 가운데 결혼을 시켰다. 그러나 유다의 축복은 효력도 없이 큰아들 엘은 어느 날 갑자기 죽고 말았다. 그것도 후손도 없이 죽어 며느리 다말은 더욱 힘들게 되었다.

성경은 엘이 죽은 이유를 여호와의 목전에서 악했던 탓이라고 한다. 그 내용이 무엇인지는 정확하게 알 수 없지만, 침묵의 언어를 통해 엘의 악함을 생각해 볼 수 있다. 엘의 주변을 생각해 보면 그의 행동이 어떤 것이었는지 짐작할 수 있다.

엘이 여호와의 목전에서 악했다는 것이 엘의 행동을 말하는 것일까. 아니면 행동으로 구체화, 표면화되기 전에 품은 엘의 악한 마음을 말하는 것일까. 아니면 그 둘을 다 말하는 것일까. 둘은 단지 시기적으로 인식되는 단계가 다를 뿐이지 악하다는 것은 같다.

사람은 나면서부터 죄를 지을 가능성을 가지고 태어난다. 입이나 손 등의 신체부위를 통해 죄를 짓는다. 좀 더 자라면 온몸과 마음으로 죄를 짓는다. 그런 아이를 절제하고 통제하여 하나님의 사람으로 만들어가는 것이 교육이다. 그 교육은 가장 가까운 부모로부터 시작된다. 결국 부모의 영향력이 아이의 미래를 좌우한다.

그런데 엘은 교육의 기회를 갖지 못했다. 가나안 출신의 어머니로부터 태어나면서 가나안의 풍습을 보았다. 신앙이 이중적이었던 아버지 유다로부터 참 지혜를 배우지 못했으며, 할아버지 야곱으로부터도 좋은 정신을 배울 기회를 갖지 못했다. 그러므로 엘은 자라면서 필요한 정신적, 영적인 영양분들을 세상으로부터 채움을 받았다.

엘이 여호와 하나님 앞에서 악했다는 것으로 보아 외적인 모습은 여호와 하나님을 신봉하였던 것 같다. 엘이 아예 이방인 같이 살았다면 여호와 하나님 앞이라는 표현으로 기록하지 않았을 것이다. 엘은 겉모양으로만 여호와 하나님을 믿었고, 속으로는 자기 마음대로 살아가는 이중적인 모습이었다.

엘만 그런 모습으로 살아간 것이 아니라 유다의 다른 자식들도 이기적이었고, 아버지를 존경하지 않았다. 그들은 자신의 필요에 따라 아버지를 이용하였고, 결정적일 때에는 아버지를 벗어나 버렸다.

엘이 자식이 없이 죽자 유다의 둘째 아들 오난이 형의 대를 잇기 위하여 형수와 동침했다. 그러나 오난은 형수가 아이를 낳아도 자신의 자식이 되지 않을 것이기 때문에 형수와 잠자리를 하면서 정액을 땅에 흘리고 말았다. 오난은 당시의 관습을 자신의 유익과 기분에 따라 행하므로 악을 행했다. 하나님은 오난의 그런 행동이 악하다고 죽였다.

죄는 생물학적인 유전현상으로 흘러가지 않지만, 가족 공동체로 살아가면서 정신적으로나 영적으로 닮아간다. 오난의 죄는 먼저 본인의 죄이기는 하지만, 영적인 자양분을 공급하지 못한 유다에게도 책임이 없지는 않다.

유다는 오난이 죽은 후, 며느리 다말을 친정으로 보냈다. 셋째 아들 셀라까지 잃을까봐 염려했기 때문이다. 그런 와중에 유다의 아내도 죽었다. 유다의 아내가 죽은 것도 우연이 아니었다. 유다의 아내는 두 아들을 잃은 화병에 죽었거나, 아니면 살아야 할 이유를 찾지 못했거나, 또는 지병을 앓고 있었는지도 모른다. 병이 있었다면 병을 이길 힘이 없었다. 여하튼 유다의 아내는 정신적으로나 육체적으로 쇠약해 있었기 때문에 죽음을 극복하지 못했다.

유다는 짧은 기간에 두 아들과 아내를 잃었다. 이를 통해 유다의 가정에 어떤 문제가 있었다는 것을 짐작할 수 있다. 그러나 유다는 그것을 치료할 힘이 없었다. 세월이 가면서 치료가 되기를 바라고만 있었다.

한편, 수절하고 있던 다말은 시간이 지남에 따라 초조해졌다. 유다의 셋째 아들 셀라가 장성하였는데도 시아버지 유다는 셀라를 주지 않았다. 다말은 시아버지 유다가 셀라를 주지 않을 줄을 알고, 다른 방법을 찾았다. 밤낮 어떻게 아이를 가질까를 생각한 다말은 시아버지 유다가 아내를 잃고 정욕을 해소할 길이 없다는 것을 이용했다.

기회를 엿보고 있던 다말은 유다가 가나안 친구 히라와 함께 양털을 깎으러 온다는 소식을 듣고 창녀의 복장을 하여 얼굴을 가리고 길 옆에서 유다를 유혹했다. 유다는 창녀의 복장을 한 사람이 며느리인 줄도 모르고 관계를 가졌다.

다말은 드디어 유다의 씨를 얻는 데 성공하였다. 다말은 유다와 관계를 가지면서 치밀하게 계획했었다. 자신이 얻은 씨가 시아버지의 것이라는 물증을 남기기 위해 유다로부터 도장과 끈과 지팡이를 받아두었다.

세 달 즈음 후에, 유다는 며느리 다말이 간음하여 임신했다는 소식을 들었다. 화가 난 유다는 며느리 다말을 끌어내어 관습대로 불사르려고 했다. 유다의 성급함은 여전했다. 유다의 가정에 또 다른 우환이 찾아온 것이다. 다말은 전에 시아버지 유다로부터 받아두었던 도장과 끈과 지팡이를 공개하며 임신 사실의 불가피함을 말하며 울먹거렸다.

유다는 다말의 일을 통해 요셉을 팔고 짐승에게 찢겼다고 거짓말을 한 것에 대한 죄책감을 느꼈는지 기가 꺾이고 말았다. 며느리 다말에게 셀라를 주지 않아서 일어난 일이라고 생각하며 다말이 자신보다 옳았다고 말했다.

때가 되어 다말이 쌍둥이를 낳았다. 다말이 아이를 낳을 때, 한 아이가 나오려는데 머리가 나오지 않고 손이 먼저 나와서 손에 붉은 실을 매었다. 그러나 그 아이의 손이 들어가고 다른 아이가 먼저 나왔다. 먼저 나온 아이의 이름을 터치고 나왔다고 하여 베레스라 불렀고, 손에 붉은 실이 있는 아이는 세라라고 불렀다. 유다의 수치는 난산까지 이어졌고, 그로 인해 괴로움은 더해갔다.

유다는 계속되는 혼란 속에서 탈출구를 찾지 못하여 계속 방황하고 있었다. 그의 고난은 점점 그를 힘들게 몰아갔고, 나중에는 자신에게 닥치는 어려움에 대하여 변명할 수도 없었다. 유다는 고난 가운데 말수가 줄어갔으며 하늘을 보곤 했다. 그리고 자신이 아버지로서 받는 고난을 통하여 늙은 아버지 야곱의 처지를 생각하게 되었다.

유다는 야곱의 넷째 아들로 유달리 남을 잘 따르는 성격으로 나타나 있다. 유다가 했던 대부분의 행동들은 형들을 모방한 것으로 생각된다. 뿐만 아니라 결혼할 때에도 친구의 조언을 따랐고, 다말과 행음하는 현장에도 친구가 있었던 것으로 보아 자신의 주관보다는 다른 사람의 생각을 따르는 성격이었다는 것을 알 수 있다.

유다는 남을 잘 따르는 성격으로 인해 다른 형제들에 비해서 유독 더 많은 아픔을 겪었다. 그의 죄는 속에서 겉으로 드러났다. 유다는 그런 과정을 통하여 책망을 받고 있었다. 다른 형제들에 비해 죄를 숨길 수 있는 기술이 부족했던 탓일 수도 있다. 유다는 어떤 일을 스스로 하기보다는 주변의 분위기에 의해서 했기 때문에 양심의 소리를 막을 수는 없었다. 유다는 며느리 다말과의 관계를 통해서 쌍둥이를 낳고, 많은 죄책감과 좌절감에 빠졌다. 하루아침에 며느리가 아내로 된 것이 참으로 부끄러웠다. 다말이 낳은 아들들을 무릎에 앉히면서 많은 생각에 잠겼다. 그 모든 일이 우연히 일어난 것 같지만, 결코 우연히 일어난 일이 아니라는 것을 누구보다 유다 자신은 잘 알고 있었다.

유다는 늙어가고 있었다. 그는 다시 장가를 가거나 다말을 가까이 하지 않았다.

다른 형제들

유다 외에 요셉의 다른 형들도 죄책감 가운데 어려움을 겪었을 것이다. 성경은 그들의 고난을 일일이 기록하지 않았다. 여러 형제들의 고난을 기록하면 깊은 묘사가 어렵기 때문에 대표적으로 유다 한 사람의 고난을 통해서 다른 형제들의 고난까지 생각해 보도록 했다. 그들이 겪었던 어려움의 내용은 구체적으로 알 수 없지만 후에 야곱이 유언으로 한 축복의 내용을 보면 그들의 어려웠던 일생을 그려볼 수 있다.

야곱의 축복은 있는 것을 그냥 덮어두고 잘되기를 비는 기복적인 축복이 아니었다. 야곱의 축복은 아들들의 일생을 정리해 주는 면이 있다. 잘된 것은 격려하고 권장하지만, 잘못된 행실은 회개하고 돌이키도록 하는 경고성의 축복이었다. 그래서 야곱의 마지막 기도는 축복인지 저주인지 혼돈되어 보인다.

첫째 아들부터 셋째 아들까지는 경고성의 축복인데 우선 그들의 마음과 행동을 돌이킬 것을 말한다. 르우벤을 향한 축복의 내용은 르우벤은 소용돌이치는 물처럼 힘이 세지만, 그 자리에 머무는 것과 같을 것이라고 했다. 그에게는 장자의 축복이 없었다.

"르우벤아, 너는 나의 맏아들이요, 나의 힘, 나의 정력의 첫 열매다. 그 영예가 드높고, 그 힘이 드세다. 그러나 거친 파도와 같으므로 또 네가 아버지의 침상에 올라와서 네 아버지의 침상을 더럽혔으므로, 네가 으뜸이 되지는 못할 것이다."(창 49:3-4).

이어서 야곱은 시므온과 레위에게 같은 유언을 한다. 그들은 잔해하는 칼이라고 한마디로 일축하고 그들이 잘못을 돌이키지 않으면 저주를 받을 것이라고 한다. 그들이 분으로 세겜 족속을 멸했던 과거를 말하며 회개할 것을 촉구한다.

"시므온과 레위는 단짝 형제다. 그들이 휘두르는 칼은 난폭한 무기다. 나는 그들의 비밀 회담에 들어가지 않으며, 그들의 회의에 끼어들지 않을 것이다. 그들은 화가 난다고 사람을 죽이고, 장난삼아 소의 발목 힘줄을 끊었다. 그 노여움이 혹독하고, 그 분노가 맹렬하니, 저주를 받을 것이다. 그들을 야곱 자손들 사이에 분산시키고, 이스라엘 백성 사이에 흩어 버릴 것이다."(창 49:5-7).

야곱의 유언을 통해 볼 때 아들들의 삶은 본이 되기는커녕 저주가 임할 수 있는 수준의 행동들이 많았다. 그들은 아버지에게 순종하지 않았다. 자신의 이익과 기질을 따라 살면서 많은 문제를 일으켰다. 물론 야곱의 아들들의 모든 불행이 동생을 팔았기 때문에 일어난 일은 아니었다. 그러나 동생을 판 일은 천륜을 어긴 일로서 그들의 삶에 불행을 일어나게 하는 요인이 되었다.

요셉의 다른 형들은 유다가 했던 모든 일들을 듣고 있었다. 동생을 판 공범이었던 그들로선 유다를 손가락질 할 처지도 아니었고, 각자 자신의 죄책감과 어려움에 말을 잃었다. 그들은 유다의 아픔을 공유하면서 자신들의 죄도 열매를 맺고 있음을 감지하였고, 그 열매가 어떻게 맺힐 것인가를 스스로 두려워하고도 있었다.

요셉을 판 것이 요셉의 형들에게는 완전범죄였기 때문에 그들 외에는 아무도 몰랐지만 그들의 양심은 보이지 않는 끈에 매여 있었다. 그런 가운데 그들의 성격은 소심해져 갔고, 대인관계도 그러했을 것이다. 그러면서 형제간의 관계도 멀어지면서 서로가 흩어졌을 것이다.

야곱은 베냐민은 끼고 살았던 것으로 보이는데 다른 장성한 열 아들과는 함께 살 수 없었을 것이다. 유다의 불행을 보면 주변에 아무도 없는 외톨이처럼 느껴진다. 이를 통해 그들은 서로의 관계를 멀어지게 하는 죄의 일반법칙에서 벗어날 수 없었음을 알 수 있다.

하늘의 그물

이집트와 가나안 전역에 흉년이 들었다. 이는 야곱의 아들들과도 연관이 있는 일이었다. 예수를 죽인 이스라엘에 2,000년 동안 평화가 없었듯이, 요셉을 몰아낸 팔레스타인 땅에는 꿈도 사랑도 없었으며 대지도 메말랐다. 은혜의 단비를 받지 못한 팔레스타인 땅의 사람들은 2년을 넘기지 못하였다. 야곱의 족속들이 모아둔 곡식도 바닥을 드러내었다.

야곱의 아들들은 불가항력적인 흉년에 어쩔 수 없어서 다시 모였다. 굶어 죽을 위기에 가족 밖에 기댈 언덕이 없었다. 함께 있어도 그들의 정신은 피폐해질 대로 피폐해졌고, 이집트에 곡식이 있다는 말은 들었지만 곡식을 사러 갈 용기가 없었다. 아버지 야곱이 흉년에 자신의 얼굴만 쳐다보고 있다고 야단을 치자 그때야 자식들은 움직이려 했다.

야곱의 아들들은 대인기피증이 있었는지, 아니면 혹시라도 그들이 판 동생을 만나면 어쩌나 하는 두려움이 있었는지, 이집트에 갈 엄두를 못 내고 있었다. 하지만 같이 굶어 죽을 수는 없었다. 그들은 아버지의 책망에 할 수 없이 이집트에 양식을 구하러 갔다.

야곱은 양식을 사러 가는 아들들에게 베냐민은 보낼 수 없다고 하면서 큰 아들들 10명만 보냈다. 그들은 아버지에게 편애한다고 말할 수도 없었고, 또 다시 팔아버린 동생을 떠올려야 했다. 그들은 지은 죄를 추억으로만 돌릴 수는 없었다. 그러나 누구도 팔아버린 동생에 대한 이야기를 꺼내지 않았다.

요셉의 형들은 광대하여 엉성한 것 같아 보이는 하늘에 그물이 있다는 것은 생각하고 싶지 않았다. 비록 태양은 제 때에 떠오르고 계절은 어김없이 찾아오지만, 자신들의 죄악이 열매를 맺어가고 있다는 사실은 생각하기 싫었다. 그러나 그들은 하늘의 완벽한 그물은 피해 갈 수 없었다.

요셉의 형들은 이집트에 도착하여 양식을 파는 이집트 관리를 만났다. 이집트 관리는 무슨 이유에서인지 그들의 가문과 형제관계를 꼬치꼬치 캐물었다. 그러다가 갑자기 그들을 다짜고짜 정탐꾼이라고 다그쳤다.

요셉의 형들은 정탐꾼이라는 말을 듣자 과거에 세겜 족속을 죽이고 약탈하던 광경이 되살아나 두려움에 떨었다. 또한 아버지께는 죽었다고 이야기한 동생이 아직 그들의 가슴에 살아있음을 느꼈는지 공포에 떨었다. 요셉의 형들은 정탐꾼이 아니라는 것을 증명하기가 쉽지 않았다. 단지 양식을 사러 왔다는 말로는 정탐꾼이 아니라는 것을 증명하기에 부족하였다.

요셉의 형들은 모두 다 한 사람의 아들로서 형제들이며 진실한 신앙인이라고 말했다. 늘 양심에 죄책감을 느끼던 그들은 진실한 자라는 것을 애써 말하며 위장하려고 해 보았다. 이집트 관리는 태도와 얼굴에 진실함이 드러나지 않은 그들을 쏘아보며 나라의 틈을 엿보러 온 정탐꾼이라며 더욱 다그쳤다.

그러자 그들은 자신들의 가족사를 더욱 자세히 말하며 위기를 넘겨보려고 했다. 원래 형제가 열두 명이었는데 막내는 아버지와 함께 있고 하나는 없어졌다고 했다.

이집트 관리는 그들의 말꼬리를 잡고 다시 문책하며 열두 명 중에 하나는 없어졌고, 하나는 집에 있다는 말은 거짓이라고 말했다. 이집트 관리는 바로 그렇게 거짓으로 둘러대는 점이 정탐꾼이라고 하며 몰아붙였다. 사실 한 형제가 없어졌다는 말은 거짓말이었다. 그 형제는 없어진 것이 아니라, 그들이 판 것이었다. 그들은 양심의 가책을 느끼며 이집트 관리 앞에서 얼어버리는 것 같았다.

이집트 관리는 막내아우를 데리고 오지 않으면 이곳에서 나갈 수 없다고 하였다. 그리고 한 사람이 집에 가서 막내아우를 데려오고 다른 사람은 모두 감옥에 갇혀 있어야 한다고 했다. 그리고는 그들을 다 함께 사흘 동안 감옥에 가두었다.

그들은 갑자기 정탐꾼으로 몰리면서 어떻게 할 바를 알지 못했다. 영문도 모르는 그들은 별 생각이 다 들었다. 사람이 위급한 일이 생기면 자신의 죄를 깨닫게 되는 것인지, 그들은 갇히게 된 이유를 생각하면서 20여 년 전에 판 동생을 떠올렸다. 그들은 음산한 감옥에 갇혀 쓴 기억들을 되씹는 고통을 자신들의 죄값으로 받아들이고 있었다. 그러나 어떻게 처리할 방법이 없었다. 그들은 서로를 바라보며 쓰디쓴 기억을 떠올리며 원망스런 말만 하였다.

"그렇다! 아우의 일로 벌을 받는 것이 분명하다. 아우가 우리에게 살려 달라고 애원할 때에 그가 그렇게 괴로워하는 것을 보면서도, 우리가 아우의 애원을 들어 주지 않은 것 때문에 우리가 이제 이런 괴로움을 당하는구나."(창 42:21).

르우벤이 그들에게 대답하였다.

"그러기에 내가 그 아이에게 못할 짓을 하는 죄를 짓지 말자고 하지 않더냐? 그런데도 너희는 나의 말을 들은 체도 하지 않았다! 이제 우리가 그 아이의 피값을 치르게 되었다." (창 42:22).

사흘 후에 이집트 관리가 그들에게 왔다. 이집트 관리는 그들 중에 한 사람만 감옥에 가두고, 나머지는 보내 주겠다고 했다. 나머지 형제들에게는 양식을 주어서 집안 식구들을 굶주림에서 구할 수 있게 해 주겠으니, 막내아우를 데리고 와 진실함을 증명하라고 하였다.

동생을 팔자고 했던 장본인인 유다는 자신이 인질로 붙잡혀 있는 것이 좋겠다고 여겼지만 그럴 수도 없었다. 이집트 관리는 시므온을 묶어서 감옥에 넣었다. 그곳은 총리의 영향이 미치는 감옥이었다.

이집트 관리는 그들의 각 자루에 양식을 담았고, 각 사람의 돈은 각 자루에 도로 넣어 주었다. 또 길에서 먹을 양식까지 챙겨 주었다.

시므온을 제외한 나머지 요셉의 형들은 나귀에 양식을 싣고 이집트를 떠났다. 하룻밤 묵어갈 곳에 이르렀을 때에, 그들 중의 한 사람이 나귀에게 먹이를 주려고 자루를 풀다가 자루 아귀에 돈이 그대로 들어 있는 것을 보았다. 그가 말하기를 "지불했던 돈이 자루 속에 그대로 있다"고 하자, 형제들은 모두 두려움에 떨었다.

요셉의 형들은 고향으로 돌아왔다. 야곱에게 그동안 있었던 모든 일을 자세히 말하며, 베냐민을 이집트 관리에게로 데리고 가서 자신들의 진실함을 증명해야 한다고 하였다. 그리고 가져온 곡물 자루를 쏟았다. 야곱과 그의 아들들은 각 자루 안에 들어 있는 자신들이 지불했던 돈뭉치가 그대로 들어 있는 것을 보고 또 한 번 두려움에 휩싸였다.

야곱은 그들의 모든 이야기를 듣고 "너희들은 나에게 내 자식들을 잃게 하는구나. 요셉도 없어졌고 시므온도 없어졌는데 베냐민까지 빼앗아가므로 나를 해롭게 하는구나." 하며 화를 내었다.

아들들이 사 온 양식은 또 바닥을 드러냈다. 그들은 양식이 다 떨어졌지만 다시 사러 갈 엄두를 내지 못했다. 이집트 관리에게 남은 동생을 데리고 간다고 약속을 했기 때문에 베냐민 없이는 양식을 사러 갈 수가 없었다. 그들의 귓가에 이집트 관리의 말이 쟁쟁하게 들렸다.

"너희 막내아우를 데리고 와 너희의 진실함을 증명하라."

르우벤은 야곱에게 베냐민을 보내 달라고 했다. 만약 베냐민을 다시 데리고 오지 못할 경우에는 자신의 두 아들을 죽여도 좋다는 맹세까지 했지만 야곱은 허락하지 않았다. 형제들은 야곱이 허락만 했으면 두 번이나 갔다 왔을 수 있었는데, 허락을 해 주지 않아 굶게 되었다며 불평을 했지만, 야곱은 꿈쩍도 하지 않았다.

요셉의 형들은 죄의 공동체 속에서 쓰라린 마음으로 한탄만 했다. 누군가가 도와주지 않고서는 해결할 길이 보이지 않았다. 하늘에서 비가 와서 다시 곡식이 자라는 길만이 그들의 굶주림을 해결할 수 있는 길이었다. 그러나 붉게 물든 팔레스타인의 하늘은 마치 놋으로 되어 있는 것처럼 보였다.

유다의 리더십

야곱과 그의 아들들의 온 가족은 또다시 굶어죽게 될 위기에 이르렀다. 르우벤은 더 이상 아버지를 설득할 힘도 없었다. 다른 형제들도 외고집인 아버지의 마음을 움직이지 못했다. 그때 유다가 아버지를 설득했다.

"제가 그 아이의 안전을 책임지겠습니다. 아버지께서는 그 아이에 대해서 저에게 책임을 물어 주십시오. 제가 그 아이를 아버지께로 다시 데리고 와서 아버지 앞에 세우지 못한다면 그 죄를 제가 평생 달게 받겠습니다. 우리가 이렇게 머뭇거리고 있지 않았으면 벌써 두 번도 더 다녀왔을 것입니다"(창 43:9-10).

야곱은 유다의 마음이 담긴 말에 감동이 되었다. 자식 둘과 아내를 잃고 며느리와 관계하여 자식을 낳은 아픔을 가진 유다의 말은 완고한 아버지의 마음을 움직였다. 야곱도 사랑하는 아내와 요셉을 잃고 시므온까지 빼앗긴 상태였으므로 유다의 심정을 이해하고 있었다. 유다의 말은 거짓이 없었고, 야곱도 더 이상 떼를 쓸 형편이 못 되었다.

야곱은 아들들에게 다시 양식을 사러 가라고 했다. 가나안의 특산품인 꿀과 향료들을 챙기고 자루 안에 있었던 돈과 함께 두 배의 돈을 주면서 착오가 없도록 했다. 그리고 베냐민도 데리고 가라고 했다. 야곱은 "하나님이 그 사람을 감동시키셔서 남아 있는 아이와 베냐민도 함께 돌려보내 준다면 더 바랄 것이 없겠다."고 했다. 심지어 자식들을 잃게 되면 잃는 것이지 난들 어떻게 하겠느냐고 말하며 자신의 한계를 인정했다.

그리하여 요셉의 형제들은 베냐민과 함께 두 번째로 이집트에 양식을 사러 내려갔다. 창세기 44장 14절에서 유다와 그 형제들이라고 기록하고 있는 점을 볼 때, 이번의 책임자는 르우벤이 아니라 유다였다. 리더십은 많이 희생한 자의 것이었다. 유다는 야곱의 메신저로서 시므온을 감옥에서 건져내고, 베냐민을 아버지께로 무사히 데려올 책임자였다.

　　이집트에 도착한 요셉의 형제들은 베냐민과 함께 이집트 관리의 집으로 인도되었다. 그러자 그들은 또다시 두려움에 휩싸였다. 그들은 지난번에 자루 안에 들어있던 돈 때문에 이집트 관리의 집으로 끌려온 것으로 생각하며 이집트 관리가 자신들의 나귀를 빼앗고, 노예로 삼지 않을까 염려했다. 형제들은 이집트 관리에게 지난번에 자신들의 자루에 들었던 돈을 가져 왔다면서 진실함을 아뢰었다. 그러자 이집트 관리는 안심하라고 일러주면서 시므온을 풀어주었다.

　　이집트 관리는 그들을 위하여 음식을 마련하였다. 먼저 그들에게 물을 주어 발을 씻게 하였고, 나귀에게는 먹이를 주었다. 정한 시간이 되자 이집트 관리가 식사 자리에 앉았다. 형제들은 이집트 관리에게 예물을 드리고, 엎드려 절을 했다. 그들은 베냐민을 이집트 관리에게 소개했고, 이집트 관리는 베냐민을 축복하였다. 형제들 앞에 음식이 차려졌다. 특별히 베냐민 앞에는 다른 형제보다 5배의 음식이 차려졌지만 형들은 불평하지 않았다.

　　음식을 다 먹은 후 이집트 관리는 청지기에게 명령하였다.

　　"저 사람들이 가지고 갈 수 있을 만큼 많이, 자루에 곡식을 담아라. 그들이 가지고 온 돈도 각 사람의 자루 아귀에 넣어라. 그리고 어린 아이의 자루에다가는 곡식 값으로 가지고 온 돈과 내가 쓰는 은잔을 함께 넣어라."

다음날 동이 틀 무렵에 요셉의 형제들은 나귀를 이끌고 길을 나섰다. 그들이 아직 그 성읍에서 얼마 가지 않았을 때에 이집트 관리가 자기 집 청지기에게 말하였다.

"빨리 저 사람들의 뒤를 쫓아가거라. 그들을 따라잡거든 그들에게 너희는 왜 선을 악으로 갚느냐. 어찌하려고 은잔을 훔쳐 가느냐. 그 것은 우리 주인께서 마실 때에 쓰는 잔이요, 점을 치실 때에 쓰는 잔 인 줄 몰랐느냐? 너희가 이런 일을 저지르다니, 매우 고약하구나! 하 고 호통을 쳐라."

청지기가 그들을 따라 잡고서, 이집트 관리가 시킨 말을 그대로 하 면서 호통을 쳤다.

요셉의 형들은 그 말을 듣고 자신들은 결단코 그런 일을 하지 않으 며, 자루에 있던 돈도 다시 가져왔는데 어떻게 은, 금을 도적질하겠 냐고 하였다. 그리고 만약 잔이 발견되면 발견된 자는 죽을 것이며 나머지는 종이 되겠다고 말했다.

그들이 급히 각각 자루를 내려놓고 풀었는데 베냐민의 자루에서 은잔이 반짝거렸다. 은잔을 본 그들은 슬픔이 북받쳐서 옷을 찢고 울 면서 저마다 나귀에 짐을 다시 싣고 성으로 되돌아왔다. 이집트 관리 가 호통을 쳤다.

"너희가 어찌하여 이런 일을 저질렀느냐. 나 같은 사람이 점을 쳐 서 물건을 찾는 줄을 너희는 몰랐느냐?"

모든 형제들은 넋을 잃었고, 어찌할 바를 몰랐다.

유다의 회복

이때 유다가 간곡하게 호소했다.

"우리가 주인어른께 무슨 할 말이 있겠습니까? 무슨 변명을 할 수 있겠습니까? 어찌 우리의 죄 없음을 밝힐 수 있겠습니까? 하나님이 소인들의 죄를 들추어내셨으니, 우리와 이 잔을 가지고 간 아이가 모두 주인어른의 종이 되겠습니다."

이집트 관리가 말하였다.

"그렇게까지 할 것은 없다. 이 잔을 가지고 있다가 들킨 그 사람만 나의 종이 되고, 나머지는 평안히 너희 아버지께로 돌아가거라."

유다가 다시 간곡하게 말하였다.

이 종이 주인어른께 감히 한 말씀 드리는 것을 용서하여 주시기 바랍니다. 어른께서는 바로와 꼭 같은 분이시니, 이 종에게 너무 노여워하지 마시기 바랍니다. 이전에 어른께서는 종들에게 아버지나 아우가 있느냐고 물으셨습니다.

그때에 종들은 늙은 아버지가 있고, 그가 늘그막에 얻은 아들 하나가 있는데, 그 아이와 한 어머니에게서 난 그의 친형은 죽고, 그 아이만 있기 때문에 아버지가 그 아이를 무척이나 사랑한다고 말씀드렸습니다. 그때에 어른께서는 종들에게 말씀하시기를 어른께서 그 아이를 직접 만나 보시겠다고, 데리고 오라고 하셨습니다. 그래서 종들이 어른께 그 아이는 제 아버지를 떠날 수 없으며, 그 아이가 아버지 곁을 떠나면 아버지가 돌아가실 것이라고 말씀드렸습니다.

그러나 어른께서는 이 종들에게 그 막내아우를 데리고 오지 않으면 어른의 얼굴을 다시는 못 볼 것이라고 말씀하셨습니다. 그래서 종들은 어른의 종인 저의 아버지에게 가서, 어른께서 하신 말씀을 다 전하였습니다. 얼마 뒤에 종들의 아버지가 종들에게 다시 가서 먹을거리를 조금 사오라고 하였습니다만, 종들은 막내아우를 우리와 함께 보내시면 가겠지만 그렇지 않으면 갈 수 없다고 말하였습니다.

그러나 어른의 종인 소인의 아버지는 이 종들에게 '너희도 알지 않느냐. 이 아이의 어머니가 낳은 자식이 둘뿐인데 한 아이는 나가더니, 돌아오지 않는다. 사나운 짐승에게 변을 당한 것이 틀림없다. 그 뒤로 나는 그 아이를 볼 수 없다. 그런데 너희가 이 아이마저 나에게서 데리고 갔다가 이 아이마저 변을 당하기라도 하면 어찌하겠느냐? 너희는 백발이 성성한 이 늙은 아버지가 슬퍼하며 죽어 가는 꼴을 보겠다는 거냐?' 하고 걱정하였습니다.

아버지의 목숨과 이 아이의 목숨이 이렇게 얽혀 있습니다. 소인이 어른의 종, 저의 아버지에게 되돌아갈 때에, 우리가 이 아이를 데리고 가지 못하거나, 소인의 아버지가 이 아이가 없는 것을 알면, 소인의 아버지는 곧 바로 숨이 넘어가고 말 것입니다. 일이 이렇게 되면 어른의 종들은 결국 백발이 성성한 아버지를 슬퍼하며 돌아가시도록 만든 꼴이 되고 맙니다.

어른의 종인 제가 소인의 아버지에게 그 아이를 안전하게 다시 데리고 오겠다는 책임을 지고 나섰습니다. 만일 이 아이를 아버지에게 다시 데리고 돌아가지 못하면, 소인이 아버지 앞에서 평생 그 죄를 달게 받겠다고 다짐하고 왔습니다. 그러니 저 아이 대신에 소인을 주인어른의 종으로 삼아 여기에 머물러 있게 해 주시고, 저 아이는 그의 형들과 함께 돌려보내 주시기를 바랍니다. 저 아이 없이 제가 어떻게 아버지의 얼굴을 뵙겠습니까? 그럴 수는 없습니다. 저의 아버지에게 닥칠 불행을 제가 차마 볼 수 없습니다(창 44:18-34).

유다의 진정한 회개는 때가 되어 말과 행동으로 표현되었고, 형제들도 감동의 눈물을 흘렸다. 유다의 언행은 모든 형제를 하나로 만들었고, 새로운 출발을 가능하게 했다.

이렇게 변한 유다의 모습은 야곱의 유언을 통해서도 잘 나타나고 있다. 야곱은 유다를 축복하는데 앞의 세 형제와는 다른 축복의 말로 시작한다. 야곱이 유다를 위해 축복한 첫 마디는 형제들의 찬송이 될 것이라는 것이다.

> 유다야, 너의 형제들이 너를 찬양할 것이다. 너는 원수의 멱살을 잡을 것이다. 너의 아버지의 아들들이 네 앞에 무릎을 꿇을 것이다.
> 유다야, 너는 사자 새끼 같을 것이다. 나의 아들아, 너는 움킨 것을 찢어 먹고, 굴로 되돌아갈 것이다. 엎드리고 웅크리는 모양이 수사자 같기도 하고, 암사자 같기도 하니, 누가 감히 범할 수 있으랴!
> 임금의 지휘봉이 유다를 떠나지 않고, 통치자의 지휘봉이 자손만대에까지 이를 것이다. 권능으로 그 자리에 앉을 분이 오시면 만민이 그에게 순종할 것이다.
> 그는 나귀를 포도나무에 매며, 그 암나귀 새끼를 가장 좋은 포도나무 가지에 맬 것이다. 그는 옷을 포도주에다 빨며, 그 겉옷은 포도의 붉은 즙으로 빨 것이다. 그의 눈은 포도주 빛보다 진하고, 그의 이는 우유 빛보다 흴 것이다(창 49:8-12).

유다의 많은 축복은 위로부터 온 것임을 볼 수 있다. 그는 회개하여 새 영을 입었기에 화평케 하는 복을 얻었다. 맏아들로서 탁월한 능력을 가졌던 르우벤은 물의 소용돌이 같이 맴돌아 장자의 위치를 상실하였고, 그 자리에 유다가 차지했다.

유다는 비록 죄를 짓는 데 앞장을 섰지만, 빛에 의해 드러난 죄를 회개하였고, 자신의 한계를 인정함으로 형제들 앞에서 겸손하고 진실한 모습으로 살았다. 야곱의 가족은 이제 유다에게 임한 은혜를 맞이하고 있었다.

어둠이 빛으로, 흉년이 풍년으로 변할 그 은혜가 준비되고 있었다.

은혜의 성(城)

유다와 요셉의 형들이 겪은 어려움은 우연히 일어난 일이 아니었다. 그들이 당했던 어려움은 심은 대로 거둔 열매였다.

요셉의 형들은 인간이란 존재를 잘 몰랐다. 미워하는 사람은 좋아하는 사람보다 더 가까이 밀착되어 있다는 원리를 알지 못했다. 그들은 사람을 멀리 떠나보내면 미움이 사라질 것으로 생각했다. 그러나 미워서 팔아버린 동생은 이전보다 더 가까이 그들의 마음속에 다가왔고, 동생의 회상 때문에 더욱 괴로웠다.

사람이 죄에 동의하면 그 순간부터 죄의 지배를 받는다. 죄는 힘으로 지워지지도 않고 이길 수도 없다. 죄는 잊으려고 해도 쉽게 잊혀질 수 있는 것이 아니다. 죄의 회상은 잊으려 하면 할수록 양심을 할퀴는 성질이 있다.

요셉의 형들은 가인의 후손으로 가인의 길을 갔다. 요셉의 형들의 죄는 아버지에게 반항하게 했고, 천륜을 무시하게 하는 놀라운 위력을 발휘했다. 그것은 암세포처럼 점점 자라서 그들을 우울하게 만들었고, 후손에게까지 연결된 불멸의 사자였다.

그러다가 흉년에 굶어 죽게 되자 다시 아버지 집으로 찾아왔다. 아버지는 여전히 엄했지만 자비로움이 숨어 있었다. 그러나 그들은 자신들의 죄를 고백하지 않는 한, 아버지의 자비를 누릴 수 없었다. 아버지지가 그들의 죄를 들추지는 않았지만 그들은 아버지에게 다가가지 못했고 스스로 괴로워했다.

그들에게는 자신들의 죄를 스스로 밝힐 수 있는 힘이 없었다. 그러다가 최후의 순간을 맞게 되었다. 요셉의 형들은 기근과 투옥이라는 한계 상황이 닥치자 자신들의 죄를 드러내지 않을 수 없었다. 드러난 그들의 죄의 세포는 분열하여 부풀대로 부풀어 있었다. 누군가가 그 고름을 터트려 주어야 했는데 기근과 투옥이 바로 그때였다. 놀랍게도 하나님은 그들의 그런 상황을 다 알고 요셉을 예비시켜 두었다.

9. 아름다운 **용서**

요셉이 형들에게 이르되 내게로 가까이 오소서 그들이 가까이 가니
이르되 나는 당신들의 아우 요셉이니 당신들이 애굽에 판 자라 당신
들이 나를 이곳에 팔았다고 해서 근심하지 마소서 한탄하지 마소서
하나님이 생명을 구원하시려고 나를 당신들보다 먼저 보내셨나이다
(창 45:4-5).

사랑을 회복하기 위해

요셉이 이집트를 다스린 동안 7년의 풍년이 지나고 흉년이 접어들
었다. 요셉이 총리가 된 지 9년이 지나고 있었다. 그러니까 가나안을
떠난 지 22년이 지난 즈음, 그의 나이 39세였다. 흉년이 길어지면서
전국 방방곡곡의 사람들은 요셉에게 양식을 사러 왔고, 가나안 사람
들까지 이집트에 곡식을 사러 왔다.

요셉은 아버지의 가족들이 흉년을 이기지 못할 줄 알았다. 언젠가
는 형제들이 양식을 사러 올 줄도 알고 있었다. 그래서 가나안 사람
들이 곡식을 사러 오면 자신에게 알리라고 종들에게 말해 두었다. 때
때로 가나안 사람들이 곡식을 사러 왔지만, 그 중에는 형제들이 없었
다.

그러던 어느 날, 요셉은 열 명의 형들이 초라한 모습으로 자신 앞

에 와서 절을 하며 양식을 구하는 광경을 목격했다. 요셉은 육적인 배고픔보다는 영적인 굶주림이 더해 보이는 형들을 단번에 알아보았다. 그러나 형들은 전혀 눈치 채지 못하였다. 그러한 형들을 바라보는 요셉의 마음은 어떠했을까.

요셉은 자신 앞에 절하는 형들을 보며 어릴 때 형들에 대하여 꾼 꿈이 떠올랐다.

"내가 꾼 꿈 이야기를 한 번 들어 보셔요."
"우리가 밭에서 곡식 단을 묶고 있었어요. 그런데 갑자기 내가 묶은 단이 우뚝 일어서고, 형들의 단이 나의 단을 둘러서서 절을 하였어요."
형들이 그에게 말하였다.
"네가 우리의 왕이라도 될 성싶으냐? 정말로 네가 우리를 다스릴 참이냐?"(창 37:6-8).

요셉은 여러 감정들이 교차하는 것을 뒤로 하고, 형들을 엄하게 대하며 시간을 끌면서 시험했다. 형들을 이집트를 정탐하러 온 정탐꾼으로 내몰아 감옥에 가두기도 하고, 곡식 자루에 형들이 가지고 왔던 돈을 도로 넣기도 했다. 곡식과 함께 형들을 가나안으로 돌려보낼 때에는 시므온을 볼모로 잡아 감옥에 가두기도 했다.

성경은 요셉이 형들을 만나 용서하기까지의 장면을 세밀하게 기술하고 있다. 요셉은 형들을 그냥 용서하면 될 일이지 여러 가지로 시험했다. 형들을 시험하는 요셉의 모습은 용서하는 사람으로 보이지 않는다. 오히려 그는 치밀하고 냉철한 정치인으로, 사람을 믿지 못하는 인물로 보인다.

그러나 그것은 아니다. 이는 요셉이 사랑의 지혜를 가졌다는 것을 보여주려는 것이다. 사랑은 단순히 상대방의 배를 부르게 해 주며 즐겁게 해 주는 것이 아니다. 가장 값진 것을 깨닫게 해 주는 것이다. 이를 위해 상대방에게 아픔을 주기도 하는 힘든 과정을 거칠 수도 있고, 오해를 감수하며 인내할 수도 있다.

용서는 힘없는 자가 어쩔 수 없어서 상대방을 위해 면죄부를 주는 것이 아니다. 용서는 상대방이 한 행동을 정당화하는 것도 아니다. 용서란 자신에게 상처를 입힌 상대를 사랑하기 위한 자기부인이다. 또한 용서하고자 하는 마음이 때가 되어 상대방에게 전달되면서 서로가 열매를 맺는 인격의 결실이다.

화해를 해야할 형들과 화해를 하지 못한 채 떠나보내고, 시므온은 감옥에 가둔 요셉의 심정은 참참했다. 형들은 과연 제때에 돌아올 것인지, 혹시 그들이 돌아간 후 싸워서 일을 더 어렵게 하는 것은 아닌지, 요셉의 생각은 새로운 만남에 대한 기대와 염려가 교차하고 있었다.

요셉은 형들이 지난날의 잘못을 회개하고, 새로운 출발을 하기를 기다렸다. 형제간의 사랑도 죄가 있으면 온전할 수 없다. 그래서 요셉은 힘들었지만, 형들이 회개할 수 있는 기회를 일부러 만들었던 것이다.

이집트의 장래를 예언한 요셉은 자기 민족의 먼 장래를 바라보며 순수한 사랑이 민족의 뿌리가 되어야 한다는 것을 알았다. 요셉은 형들이 새로운 민족을 형성하여 이방에서 객이 되어 지내려면 온전한 은혜가 있어야 한다는 것을 알았다. 사랑이 값진 만큼, 요셉과 형들은 고통과 아픔의 터널을 통과해야 했다.

모래알을 진주로

요셉과 형제들과의 만남은 우연히 이루어진 만남이 아니었다. 여러 가지 상황으로 볼 때, 요셉은 아버지와 그의 형제들을 잊어버리거나, 바쁘다는 핑계로 가족들과의 만남을 미루었던 것이 아니었다. 요셉은 바쁘다고 중요한 것을 미루는 사람이 아니었다.

아버지는 단점이 많았고 연약한 점도 있었지만, 요셉의 정신적, 영적 모태였다. 요셉은 아버지를 통해 기질이 형성되었고, 지혜의 원천이신 하나님을 만났다. 아버지가 조상들로부터 받은 약속을 들려주었고, 자신을 매우 사랑했기 때문에 사모하지 않을 수 없었다.

요셉은 아버지뿐만 아니라, 형들도 아버지의 분신으로 생각했어야 했다. 회상하기도 싫은 과거의 일을 떠올리면, 마음속에 들어 있었던 모래알들이 가슴을 쓰라리게 했다. 그렇다고 그 모래알을 버릴 수도 없는 자신을 보며, 남몰래 침울해지기도 했다. 형들이 비록 자신에게 해를 입혔지만, 그들을 버리고는 자신이 온전해질 수 없다는 것을 알았다. 형들을 원망을 딛고 일어설 수 있는 토대로 삼아야 했다. 뿐만 아니라 자신이 지고 가야할 짐으로 여겼기 때문에 형제들을 결코 잊을 수 없었다.

이집트에서 파라오의 신하들이 요셉을 등용할 때에 많은 조사를 벌였다. 요셉이 이집트에 와서 보디발의 집에서 종노릇하게 된 이유와 그 이전에 종이 된 이유도 알아냈다. 그 과정에서 요셉의 가족사가 드러나게 되었다.

요셉이 총리로 추대되고 결혼하는 축제에 요셉의 아버지와 형들을 초청하자는 제의도 있었을 것이다. 아마도 그때 요셉은 그런 제안을 지혜롭게 처리했을 것이다. 자신의 가족들을 무시하지 않으면서도 적절하고 지혜로운 말로 가족들과 만날 때가 되지 않았음을 이야기했을 것이다.

요셉은 멀지 않은 곳에 아버지와 형제들이 있어서 마음만 먹으면 달려갈 수 있었다. 그러나 만나지 못하는 아픔으로 괴로웠다. 높은 직위에 올랐어도, 아들을 낳았어도, 보여줄 부모가 없는 아픔을 참고 기다렸다. 그는 마음을 아프게 하는 모래알들을 헐값으로 내버리지 않고 가슴으로 안고 내면으로 승화했다.

그러는 가운데 요셉은 때가 되어 형제들과 만나고 아버지까지 만나게 되었다. 성경은 요셉이 형제들과 아버지를 만나는 장면을 많은 분량에 걸쳐서 다루고 있다. 성경이 요셉이 형제들과 재회하는 장면을 길고 상세하게 기록한 이유는 요셉의 성공의 저변에 있는 보이지 않는 지혜를 알려주기 위해서이다.

요셉의 지혜 속에는 성공과 노력을 넘어선 하나님의 은혜와 계시가 숨어 있다. 요셉의 지혜는 기술이 아니라, 사랑이며 포용력이다. 그런 지혜는 쉽게 만들어지는 것이 아니다. 때로는 기다림의 고통이 모래알처럼 느껴지는 가운데, 때로는 그 고통이 영롱한 진주로 빚어질 것 같은 꿈을 꾸는 가운데 만들어진다.

진주가 만들어지는 원리

요셉처럼 기다리면서 참 사랑을 나누기 원했던 예수를 살펴보자.

성경은 예수가 어린 시절에 사람들에게 사랑을 받았다고 했다. 그러나 그의 청년기에는 어린 시절처럼 사람들에게 사랑을 받은 것 같지는 않다. 청년기의 예수의 생각과 행동은 사람들이 이해하지 못할 정도로 이상적이고 꿈이 많았다. 환경과 타협하며 살아가는 사람들은, 진리에 다가가는 젊은이의 모습을 이해하기가 어려웠다.

예수가 요단 강에서 세례 요한으로부터 세례를 받은 후에는 자신의 사명에 대해 더욱 확고했다. 그 모습은 주변의 사람들에게 더욱 이상하게 보였다. 목수의 아들이 갑자기 선지자처럼 행동하는 것을 본 사람들은 놀라지 않을 수 없었다.

예수는 요단 강에서 돌아와 가족들에게 자신의 소명을 나누었다. 가족들은 예수의 이야기를 듣고 탐탁해 하지 않았다. 예수가 사람들에게 인기 많은 유능한 랍비가 되기를 기대했는지 모르겠지만, 그의 이야기는 가족들에게 실망을 주고도 남음이 있었다. 가족들은 하나님이 일하시는 방식이 예수가 말하고 행하는 것처럼 나타날 수 있다는 것을 이해하지 못했다. 아니, 그렇게 이해하기 싫었다.

예수는 어느 안식일에 차례가 되어 성경을 읽고 해석했다. 회당에서 말씀을 들은 사람들은 처음에는 그의 말씀을 좋아했다. 그러나 예수의 해석이 점점 명확해지자 분개하였다. 사람들의 반응을 보라.

> 회당에 모인 사람들은 이 말씀을 듣고서, 모두 잔뜩 화가 났다. 그래서 그들은 들고 일어나서 예수를 동네 밖으로 쫓아냈다. 그들의 동네가 산

위에 있었으므로, 그들은 예수를 산 벼랑에까지 끌고 가서, 거기에서 밀쳐 떨어뜨리려고 하였다(눅 4:28-29).

그 이후 복음서 어디에도 그가 고향으로 돌아가서 환영 받았다는 기록은 없다.

마찰은 가족 간에서도 마찬가지였다. 예수의 형제들은 예수의 성경 해석 방식과 행동에 동의하지 않았다. 마리아는 예수를 성령으로 임신하여 낳았기 때문에 어느 정도 이해했겠지만, 예수의 친지들이 예수를 공격할 때 예수를 변호하기는 역부족이었을 것이다.

가족들과 거친 격론이 있었을까. 예수는 자신의 신적인 사역을 가족과 함께 할 수 없음을 알았다. 그는 있을 곳도 없이 집을 나왔다. 가족을 떠난 곳은 어디라도 광야 같았다. 그는 진짜로 성령의 인도를 받았는지 확인하고 싶었다. 그리고 성령의 은혜로 채워져야만 가족뿐 아니라 많은 사람을 계속 사랑할 수 있다는 것을 알았다.

집을 나간 후 예수가 사역을 하자, 사람들은 귀신들렸다고 조롱하였다. 가족들에게 그런 이야기가 들려왔다. 예수의 형제들과 어머니가 예수를 찾아갔다. 사람들에게 둘러싸여 말씀을 전하고 있던 예수는 하나님의 뜻을 따라 사는 사람만이 내 형제요, 자매라는 새로운 가족의 정의를 내렸다.

그 이야기를 들었던 가족들은 기가 막히고 이해가 가지 않았을 것이다. 예수의 어머니 마리아도 마음이 아프고 힘들었을 것이다. 진리는 가족에게 상처를 주는 것인가! 예수는 그렇게 밖에 말을 할 수가 없었던 것일까. 과연 그는 가족을 사랑하지 않았단 말인가. 가족들의 반응에 대한 예수의 생각은 기록되지 않았지만 이런 생각을 했을 법하다.

군중들은 예수를 귀신들린 사람, 거짓 선지자라고 빈정거렸다. 거기에다가 가족들까지 군중들과 같은 마음을 갖고 힘들게 하는 것이 서운했다. 그렇지만 다른 한편으로는 가족들에게 미안한 생각이 들기도 했다. 여호와의 영이 충만하면 이런 식으로 일을 할 수밖에 없는가 하는 의문도 가졌다.

예수는 깨어진 가족 관계를 복원할 길이 없어서 몸부림쳤다. 그렇다고 틀린 말을 한 것은 아닌데…… 그날 이후 예수와 가족과의 만남은 보이지 않는다.

예수는 가족을 만나려면 만날 수 있었다. 만나서 무슨 이야기를 할 것인가가 문제였다. 가족들이 원하는 감정은 일시적으로 만족시킬 수는 있었다. 하지만 그들과 진리 가운데 진정한 사랑으로 하나가 될 수가 없었기 때문에 너무나 안타까웠다.

가족들은 예수가 말하는 진리보다는 가족간의 결속을 원했고, 선지자나 구세주가 되기보다는 가문을 일으키기를 원했다. 마침 그때가 마카비 가문이 일으킨 이스라엘의 독립혁명이 실패한 후라서, 예수의 형제들은 예수가 차라리 그런 인물이 되기를 바랐는지도 모를 일이다.

사랑의 화신은 그렇게 가족과 떨어져 있을 수밖에 없었고, 멀리서 고향을 그리워하며 때를 기다리고 있었다. 자식들이 철이 없어서 부모의 마음을 속상하게 하지만, 기다리는 자체를 아픔으로 즐거워하는 부모의 심정처럼, 예수는 기다림의 슬픈 미학을 즐기며 하늘을 바라보고 있었다. 그날을 기다리며……

진주같이 빛나는 눈물

고향으로 돌아간 요셉의 형들은 양식이 다 떨어져서 다시 와야 될 시간인데도 돌아오지 않았다. 시므온이 갇혀있기 때문에 오기는 올 것 같은데…….

시간은 나일의 메마른 강물처럼 느리게 흘렀다. 요셉은 홀로 감옥에 갇혀 있는 시므온에게 미안한 마음이 들었다. 사랑은 그렇게 긴 기다림이 필요할 만큼 귀한 것일까.

오랜 시간이 흘러 형들은 베냐민과 함께 이집트 땅으로 돌아왔다. 요셉은 그들을 집으로 데리고 갔다. 형제들을 나이 순서대로 앉히고 음식을 먹이면서 베냐민에게는 5배의 음식을 주어서 형제들의 심리를 시험해 보기도 했다. 요셉은 형들과 함께 음식을 먹으면서 여러 생각들이 떠올랐다. 아버지 집에서 늘 함께 먹던 생각과 형들이 도단들에서 자신이 가져간 도시락을 배불리 먹던 그림이 교차되었다.

요셉은 형제들에게 풍성한 대접을 한 후에, 자신의 청지기를 시켜서, 형제들의 자루에 양식을 실을 수 있을 만큼 채우고, 베냐민의 자루에 은잔을 넣으라고 하여 형제들을 다시 한 번 시험했다.

요셉은 동생으로서 마음이 아팠지만, 아픔을 통해서 더 진한 형제애를 만들 수 있다고 생각하며 스스로를 다독거렸다.

형제들은 마지막 남은 시험이 있는 줄도 모르고, 홀가분하게 이집트를 떠났다. 그러나 그들은 또 다시 요셉 앞으로 이끌려왔다. 요셉은 은잔이 발견된 베냐민을 종으로 삼겠다고 말했다. 그러나 형제들은 모두가 하나같이 종이 되겠다고 했다. 흉년과 몇 번의 어려움을 겪으면서 다져진 형제애가 활화산처럼 타올랐다.

머리를 조아리고 있던 형제 중에 유다가 일어서서 읍소하며 베냐민을 변호하였다. 유다가 대표로 이야기했지만 형들은 진심으로 자신들의 죄를 뉘우치고 있었고, 아버지와 아우에 대한 각별한 사랑을 보였다. 부모애와 형제애를 자신의 눈과 귀로 확인한 요셉은 마음이 북받치고 있었고, 더 이상 마음을 억제할 수 없었다.

요셉은 주변의 모든 사람들을 다 물러가게 하고, 형제들만 남게 했다. 그리고 형제들에게 자신의 정체를 밝히며 억제할 수 없는 눈물을 흘렸다. 요셉의 울음은 밖에까지 들렸고, 이집트 왕실까지 들렸다.

"내가 요셉입니다! 아버지께서 아직 살아 계시다고요?"
요셉이 형제들에게 이렇게 말하였으나, 놀란 형제들은 어리둥절하여, 요셉 앞에서 입이 얼어붙고 말았다.
"이리 가까이 오십시오." 하고 요셉이 형제들에게 말하니 그제야 그들이 요셉 앞으로 다가왔다.
"내가 형님들이 이집트로 팔아넘긴 그 아우입니다. 그러나 이제는 걱정하지 마십시오. 자책하지도 마십시오. 형님들이 나를 이곳에 팔아넘기긴 하였습니다만, 그것은 하나님이 형님들보다 앞서서 나를 여기에 보내셔서 우리의 목숨을 살려 주시려고 그렇게 하신 것입니다.
이 땅에 흉년이 든 지 이태가 됩니다. 앞으로도 다섯 해 동안은 밭을 갈지도 못하고, 거두지도 못합니다. 하나님이 나를 형님들보다 앞서서 보내신 것은 하나님이 크나큰 구원을 베푸셔서 형님들의 자손을 이 세상에 살아남게 하시려는 것입니다.
그러므로 실제로 나를 이리로 보낸 것은 형님들이 아니라, 하나님이십니다. 하나님이 나를 이리로 보내셔서 바로의 아버지가 되게 하시고, 바로의 온 집안의 최고의 어른이 되게 하시고, 이집트 온 땅의 통치자로 세우신 것입니다."(창 45:3-8).

요셉은 정치적인 이익만 아는 냉혈아가 아니라, 눈물을 흘릴 줄 알고 사랑이 있는 한 인간이었다. 요셉은 형들의 죄책감을 덜어주었다. 자신도 짐을 덜었다. 그의 과거는 해결하지 못한 짐이었지만, 이제는 더 이상 짐이 아니었다.

요셉은 미워할 수도, 사랑할 수도 없었던 형들을 한 가족으로 새롭게 만났다. 이제 새로운 터 위에 가족의 기초를 놓을 수 있게 되었다. 형들은 그 의미를 아는지 모르는지 고개를 들지 못하고, 하염없이 눈물만 흘렸다.

요셉의 가족사랑은 이렇게 해서 새롭게 시작되었다. 그렇게 그리던 사랑의 실체를 이제야 볼 수 있게 되었다. 사랑은 이처럼 기다릴 가치가 있었다. 요셉에게는 기다림의 아픔 자체가 사랑이었다. 돈으로 산 사랑이 아니며, 권력과 명예를 통해 얻은 사랑도 아닌, 기다림과 눈물로 얻은 사랑은 요셉과 온 형제들의 가슴을 두근거리게 하였다.

예수의 재회

기다림의 슬픔을 침묵으로 즐기며 하늘을 바라보는 가운데, 가족을 만날 날을 기다리던 예수는 계속해서 사역에 매진했다.

그의 사역은 날이 갈수록 번창해 갔다. 구름 떼같은 사람들이 모여들어 그의 설교를 듣고 감탄했으며, 많은 병자들이 고침을 받는 기적들이 나타났다. 사람들은 큰 선지자가 나타났다고 말했다. 어떤 사람들은 엘리아가 나타났다고 했으며, 심지어 헤롯 왕 조차도 자신이 죽였던 세례 요한이 환생했다고 말할 정도였다.

예수의 사역이 번창하는 만큼 오해와 질시도 더해 갔다. 때로는 예루살렘의 관리로부터 조사와 주의를 받기도 하였다. 어떤 사람들은 예수의 기적이 귀신의 힘을 빙자한 이단적인 사역이라고 폄하하기도 했다. 그럼에도 그의 사역은 각 지역으로 소문이 났고, 급기야 예루살렘에까지 반경이 넓어졌다.

바쁜 사역 가운데 예수는 가족과 어떤 관계를 가졌을까. 그는 가족과 만날 시간이 없었을 것이다. 정확히 말하면 시간이 없어서가 아니라 때가 되지 않았다고 생각했을 것이다.

이름 모를 소경을 고쳐 주고, 당시에 하찮게 여기는 아이들을 안아 주며, 천한 매춘부까지 친구로 둘 정도의 자상함을 가진 그가 가족들을 잊는다는 것은 생각할 수도 없는 일이었다. 그렇다면 예수는 가족들을 만날 어떤 비책을 가지고 있었을까.

예수는 많은 사람들이 구름 떼같이 따르는 인기를 얻었다. 하지만 사실상 그 인기에는 깊이가 없었다. 따르는 이들은 거의 모두 일시적인 충동으로 따랐다. 어떤 사람들은 문제 해결을 해 준 빌미로 헌신을 약속하기도 했고, 어떤 이는 자발적으로 제자가 되기를 자청했다. 그러나 예수는 그들의 깊은 의도를 알고 있었다. 대부분의 사람들은 자신의 가족과 다를 것이 없다는 것을 몸소 확인할 뿐이었다.

예수에게는 많은 능력이 있었지만, 그 능력으로 인한 기적은 각자의 믿음에 의해 작용하는 것이었다. 회개하지 않으면 하늘의 어떤 은혜도 맛볼 수 없었다. 사람들이 필요하다는 양식 같은 것을 채워줄 수는 있지만, 사실은 그들에게 필요한 것이 떡이 아니었다. 물론 그들은 굶주리고 있었지만, 그들이 더 주린 것은 영혼이었고, 로마의 억압 아래 있었지만 그들이 매여있었던 것은 정치적인 압제가 아니라 양심의 굴레였다.

어떤 기적도 설교도 그들의 필요를 채워줄 수 없었다. 자신들이 무엇이 필요한지도 몰랐다. 영적인 욕구 자체가 없었다. 메시아가 로마의 압제로부터 그들을 풀어주고 배나 불려줄 존재로 생각하는 그들에게 참 만남이란 기대할 수 없는 것이었다.

그것은 가족들도 다를 바가 없었다. 예수는 기다리고 기도했다. 그렇다고 그 문제는 세월이 흐른다고 해결될 문제도 아니었다. 그들의 참상을 알리고 그 참상의 결과를 보여줄 누군가가 필요했다. 그것은 성경이 이미 예언하고 있는 것이기도 했다. 누군가가 속죄양으로 드려져야만 했다. 가족이나 이웃을 위한 가장 고귀한 일이 있다면 바로 그것이었다.

그는 그 일이 잘 될까를 걱정하며 기도했다. 자신의 목숨이 아깝거나 두려웠던 것은 아니었다. 혹시 가족이나 사람들이 자신의 거룩한 사역을 오해하여 헛된 일이 되지 않을까 걱정되어 기도하며 울었다.

그는 오해와 멸시 가운데 십자가 위에서 화해를 이루고자 마음먹었다. 육신의 고통을 덜기 위한 신포도주도 마시지 않았다. 그의 고통은 살이 찢어지는 아픔이 아니라, 사람들의 잔혹상을 경험하는 것이었다. 하지만 가족이나 이웃이 언젠가는 자신이 한 일을 깨달을 줄 믿었고, 또 그렇게 되도록 기도했다. 사랑은 죽음보다 강한 것임을 느끼면서, 그는 점점 진실하고도 영원한 사랑 속으로 들어갔다.

예수는 치욕과 모멸의 나무 위에서 어머니 마리아에게 말했다. 고통으로 많은 말을 나눌 수 없었던 그는 "어머니, 아들입니다." 라고 했다. 일상적인 대화가 아니라 함축된 사랑의 유언이었다. 평소에 아들 노릇을 못했다는 후회가 아니라, 이 땅에서 참 아들로 살았다는 것을 알리기 위한 말이었을 것이다. 마리아는 그 말이 무엇인지를 알았다. 마리아는 흐르는 눈물을 주체할 수 없었고, 그 눈물 속에는 많은 것들이 담겨져 있었다.

예수는 평생에 바라던 가족이나 이웃과의 화해를 육신의 눈으로는 보지 못했다. 그렇게 바라고 원하던 사랑을 표현하지 못한 안타까움을 붉은 피로만 보여줄 수밖에 없었다. 그의 사랑은 죽음을 통해, 붉은 피로써 사막과 같은 가족과 이웃의 마음을 적셨다.

오해는 언젠가는 풀린다. 세상에 있는 비밀이란 일시적인 현상일 뿐이다. 예수는 그렇게 세상을 떠나고 말았다. 그런데도 그는 다 이루었다는 마지막 말을 남겼다.

용서가 세상을 다스린다

세상은 법이나 권력으로 다스려지는 것 같지만 그렇지만은 않다. 물론 세상에는 법과 권력도 필요하지만, 그것은 항상 차선으로 필요한 것이다. 법이나 권력보다 더 큰 다스림의 도구는 용서와 사랑이다. 사랑과 용서야말로 세상을 다스릴 수 있는 가장 강력한 비밀 병기이다.

법과 권력이 소극적으로 작용되는 곳은 행복한 곳이다. 가장 대표적인 곳은 가정이다. 가정은 법과 권력이 없어진 곳이 아니라 법과 권력이 용서와 사랑으로 대치된 낙원이다. 즉, 용서와 사랑이 법과 권력을 초월한 천국이다.

요셉은 하늘의 지혜로 형들을 용서하고 온 가족을 품었다. 요셉이 형들을 용서하고 화해하기 위해 형들을 정탐꾼으로 몰아 감옥에 넣는 장면이나, 베냐민의 곡식 자루에 일부러 은잔을 넣어 형제들을 궁지에 몰리게 하는 장면은 그가 가진 권력으로 형들을 이용하고 다스린 것처럼 보인다.

그러나 요셉은 결코 그의 권력으로 형들을 앙갚음을 하거나 이용하지 않았다. 그 과정은 형들을 용서하고 품기 위해서였고, 요셉이 가졌던 용서의 정신이 일하는 방식이었다.

성경은 요셉이 형들을 용서하는 장면을 긴 분량에 걸쳐 자세하게 다루고 있다. 요셉의 일대기에서 어느 부분보다도 차지하는 분량이 많다. 이는 요셉의 가치관의 저변에 용서의 성품이 깔려 있다는 것을 말해 주기 위해서이다. 요셉의 예언적인 지혜나 정치철학에 용서와 사랑의 정신이 흐르고 있다는 것을 말하기 위함이다. 또한 용서와 화해의 화신으로 성육신하신 그리스도의 표상이라는 것을 보여주기 위해서이다.

복음서에서 가장 많은 분량으로 자세하게 기록된 사건은 십자가 사건이다. 십자가 사건도 겉으로만 보면 예수의 생애에 있어서 가장 수치스럽고 치욕스러운 장면이다. 그러나 성경의 기록자들이 그 이야기를 그렇게 길고 자세하게 기록한 이유는 그리스도의 위대함이 용서라는 것을 이야기해 주기 위해서이다. 치욕스런 십자가가 기독교의 상징이 된 이유는 그리스도의 용서가 깊이 스며들어 있기 때문이다.

그리스도는 십자가에 달렸다. 사람들은 그를 무능한 선지자라고 비난했으며 메시아라면 십자가에서 내려오라고 빈정거렸다. 그가 그

곳에서 용서를 완성하고 있는 줄 아는 사람은 아무도 없었다. 무능하다는 야유를 들은 그리스도는 지금도 용서로 사람들을 다스리고 있다. 복음의 역설은 참으로 오묘하다.

10.
효자불패(孝子不敗)의 원리

요셉이 그들의 안부를 물으며 이르되 너희 아버지 너희가 말하던 그
노인이 안녕하시냐 아직도 생존해 계시느냐(창 43:27).

요셉의 사부곡(思父曲)

요셉이 이집트에 있으면서 마음을 졸인 일이 있었다. 7년 동안의
풍년과 이후 7년 동안의 흉년을 예언할 정도로 내일에 대한 안목이
있었던 요셉이 어떤 일로 마음을 졸였을까? 정치가 걱정이 되어서도
아니었고, 가정문제 때문도 아니었다. 요셉이 마음을 졸인 것은 아버
지에 대한 사랑 때문이었다.

젊은 시절에 가족에 대한 증오감을 극복한 요셉은 자신의 근원을
찾기 시작했다. 증오감의 댐이 무너지자 가족에 대한 연민과 그리움
이 물밀듯이 밀려왔다. 아버지의 존재는 더욱 그러했다. 아버지 야곱
은 이름대로 한 많은 삶을 살아온 아버지였지만, 그리운 마음이 들자
약점까지도 연민으로 느껴지면서 눈가에 이슬이 맺히곤 하였다.

흉년 2년째에 형들이 양식을 사러왔을 때, 요셉의 마음은 두근거

렸다. 형들을 정탐꾼으로 내몰긴 했지만 아버지를 보고 싶은 애타는 심정은 숨길 수가 없었다.

"당신의 아버지 당신들이 말하던 그 노인이 안녕하십니까? 지금까지 생존하십니까?"

요셉은 형들에게 아버지에 대한 안부를 물으며 가슴 깊이 다가오는 아버지에 대한 감동을 느꼈다. 그 감동은 아버지를 보고 싶은 단순한 그리움과 연민을 뛰어넘은 신적인 것이었다.

형들에게 자신을 알리고 화해한 후에는 아버지에 대해 몰려오는 감격과 기쁨을 더 이상 억제할 수 없었다.

"아버지께서 아직 살아 계시다고요?"

요셉의 머릿속에는 고향을 떠나오기 전, 그의 소년 시절의 모습이 생각났다. 색동옷을 입혀 주시며 옷매무새를 곱게 만져주시던 아버지의 모습이 그려졌다. 또한 밤이 되면 베냐민과 함께 들었던, 지혜가 담겨 있던 아버지의 이야기 소리도 떠올랐다.

20여 년의 세월이 지난 지금, 아버지는 어떤 모습일까? 그때 그 모습이 아니라, 이마에 주름살이 많아지고 더욱 늙었을 아버지를 그려 보니 요셉은 가슴이 찡해왔다.

아직 아버지가 살아 계시다는 것을 확인한 요셉은 형제들에게 아버지를 초청하는 메시지를 들려 보냈다.

> "이제 곧 아버지께로 가서서 아버지의 아들 요셉이 하는 말이라고 하시고, 이렇게 말씀을 드려 주십시오. '하나님이 저를 이집트 온 나라의 주권자로 삼으셨습니다. 아버지께서는 지체하지 마시고, 저에게로 내려오시기 바랍니다. 아버지께서는 고센 지역에 사시면서, 저와 가까이 계

실 수 있습니다. 아버지께서는 아버지의 여러 아들과 손자를 거느리시고, 양과 소와 모든 재산을 가지고 오시기 바랍니다. 흉년이 아직 다섯 해나 더 계속됩니다. 제가 여기에서 아버지를 모시겠습니다. 아버지와 아버지의 집안과 아버지께 딸린 모든 식구들이 아쉬울 것이 없도록 해 드리겠습니다.' 하고 여쭈십시오"(창 45:9-11).

요셉은 이제 그토록 보고 싶었던 아버지를 만날 수 있게 되었다. 눈앞에 있는 거리에 아버지를 두고도 달려갈 수 없었던 요셉이 아버지를 만날 때가 온 것이다. 요셉은 그토록 그리웠던 아버지를 하루빨리 보고 싶었다.

깨달음이 효자를 만든다

성경은 직설적으로 요셉을 효자라고 기록하지 않았지만, 요셉은 효자였다. 요셉은 아버지 야곱을 끝까지 섬겼다. 아버지가 죽자, 아버지의 유언까지 빠짐없이 지키며, 아버지의 소원을 이루어 드린 진심어린 효자였다.

요셉이 효자가 된 이유는 무엇일까.

그는 효자가 되려고 일부러 애쓰지 않았다. 좋은 성품의 사람은 그럴 필요가 없으며, 효자라면 억지로 힘쓰지 않아도 자연스럽게 효심이 나타난다. 그렇더라도 요셉이 효자가 되었던 데는 어떤 과정이 있었을 것이다.

요셉은 17세에 이집트에 팔려가기 전까지, 형들이 아버지에 대한 불만을 가지고 있는 것을 보며 자랐기 때문에, 아버지를 측은하게 생각했다. 그래서 요셉은 나이가 많고 절름거리는 아버지의 수족이 되어 드리며 아버지의 심부름도 곧잘 했다.

요셉은 형들에게 아버지의 차별대우에 대한 불평을 자주 듣곤 했다. 형들은 불만 가운데 아버지 몰래 나쁜 일을 하며 아버지를 힘들게 했다. 그런 모습을 본 요셉은 자연스럽게 효자가 되어야겠다는 생각을 했을 것이다. 그래서 요셉은 아버지를 위한다는 마음으로 형들이 나쁜 짓을 하면 아버지에게 말하곤 했다.

요셉이 아버지를 많이 생각하게 된 이유는 다른 형제들에 비하여 아버지의 사랑을 많이 받았기 때문이라고 생각해 볼 수 있다. 그러나 사랑을 많이 받았다고 해서 누구든지 효자가 되는 것은 아니다. 반대로 부모의 사랑을 적게 받았다고 해서 다 불효자가 되는 것도 아니다. 부모의 사랑을 적게 받은 자녀들 중에도 효자가 많이 있지 않은가.

요셉의 형들이 불효자가 된 이유는 야곱의 사랑이 적어서 그런 것만은 아니었다. 그들에게 깨달음이 없었기 때문이었다. 그들은 아버지를 존경해야 했고, 또한 그에게 존경받을 만한 부분이 있었지만, 존경하지 않았고, 오히려 불평을 했다.

효심은 사람이 자연스럽게 가질 수 있는 마음은 아닌 것 같다. 사랑하는 마음은 일반적으로 아래로 흐른다. 부모는 자녀의 효도를 받기보다는 자녀를 사랑하기를 원한다. 그리고 사랑 받은 자녀도 부모에게 효도하기 보다는 자신의 자녀를 사랑하는, 소위 내리사랑이 일반적이다.

그러나 효심은 내리사랑이 아니라, 윗사람을 섬겨야 하는 마음이기 때문에 마치 살아있는 물고기가 물을 거슬러 올라가는 것처럼 힘든 것 같다. 효는 누구나 해야 한다고 생각하지만, 진심으로 행하는 효는 받들기 힘든 법령과 같다. 그래서 그런지 예부터 효자는 하늘이 내린다는 말이 있기도 하다.

하늘이 내린 선물이 효라면 요셉은 어떻게 그 선물을 가질 수 있었을까. 그것은 요셉에게만 내린 것은 아니다. 요셉의 형들에게도 공평하게 주어진 마음이다. 그러나 요셉의 형들은 세상을 따라 흘러가며 불평했고, 요셉은 하늘의 은혜를 따라 살아있는 물고기처럼 냇물의 근원을 찾아 올라갔다.

그렇다, 요셉이 효자가 된 것은 냇물의 근원을 찾아가서 하늘의 진리를 깨달았기 때문이다. 그 깨달음은 단순히 효에 대한 깨달음만 아니라, 인간의 존재에 대한 총체적인 깨달음이었다. 그 깨달음은 하늘의 약속을 본 요셉의 꿈과 연결되어 있었다. 그 꿈은 자신의 야망을 실현하기 위한 꿈이 아니었다. 그것은 조상들로부터 물려받은, 세상을 변화시킬 수 있는 위대한 약속이었다.

그 약속을 요셉에게 전달해 준 자가 바로 야곱이었다. 타국에서 꿈을 재발견한 요셉은 아버지를 그리워하지 않을 수 없었다. 자신이 경험한 깊은 비밀을 나누고, 보여줄 사람도 아버지 외에는 없었다.

그렇지만 귀한 일일수록 순서와 격식이 있어야했다. 아버지와의 만남은 단순한 것이 아니었기에 요셉은 때를 기다리지 않을 수 없었다.

효심으로 받는 보화

요셉은 효자였으므로 아버지로부터 들었던 이야기를 통해 조상들과 아버지의 효심이 어떻게 작용했는지 알았다. 특별히 아버지 야곱의 효심은 요셉이 아버지를 섬기는 데 많은 영향을 주었다. 요셉이 어릴 때, 밧단아람에서 아버지의 고향으로 돌아와 아버지가 할아버지를 섬기며 봉양하던 모습을 그는 결코 잊을 수 없었다. 야곱이 요셉에게 끼친 효심은 어떤 것이었을까.

야곱에게는 쌍둥이 형인 에서가 있었다. 에서는 사냥도 잘하고, 잘생겼으나 부모에게 효도를 하지 못했다. 무엇보다도 결혼에 있어서 너무도 많은 실망을 안겨주었다. 에서와 야곱의 어머니 리브가는 에서가 데려오는 히타이트 족속의 여자들로 인하여 자신의 생명을 싫어한다고 할 정도로 지긋지긋해 했다. 그래서 에서는 본처들 외에, 같은 혈통인 이스마엘의 딸 마할랏을 아내로 데려와 어머니의 마음을 돌아오게 해 보려고도 했다. 그렇지만 리브가는 에서가 진심이 없이 데려온 여자들을 좋아할 수 없었다.

에서는 부모를 따르지 않고 세상을 따르면서 많은 여자들과 재산을 얻었다. 그는 마음만 먹으면 사냥도 하고, 여자도 얻는 대단한 걸출이었다. 그런 실력으로 에서는 근동 지방에서 막강한 세력을 형성하여 한 족속을 이루었다. 결국 에서는 야곱이 밧단아람에서 돌아오자 아버지를 떠나 세일 땅으로 가서 다른 가문을 만들었다.

이후 야곱은 아버지를 모시면서 장자의 명분을 다하였다. 야곱은 연약하고 잔꾀가 많았지만, 아버지께 효도하여 아버지로부터 좋은 것을 다 받았다. 그것은 명분상으로는 장자권이었지만 실제로 유산의 전부라 할 수 있는 '아버지의 지혜'였다.

후에 야곱은 아버지 이삭이 관리하고 있던 조상의 묘지인 막벨라 굴을 물려받았다. 그곳은 그의 조부모 아브라함과 사라와 그의 부모 이삭과 리브가가 묻힌 곳이었다.

야곱이 조상의 묘지를 물려받아 관리했다는 것은 조상들로부터 가장 귀한 것을 받았다는 것을 말해 준다. 야곱이 받은 것은 겉으로 보기에는 초라한 약속에 불과했지만, 그 속에는 할아버지 때부터 내려오는 하나님의 진리가 들어있었다.

야곱도 자신이 받은 가장 좋은 것을 누구에게 줄 것인가를 깊이 생각하고 있었다. 죽음 직전의 그의 유언을 보면 살아생전에 자신의 유산을 물려주려고 얼마나 많은 준비를 했는지를 알 수 있다. 결국 그 유산은 자신의 마음을 가장 잘 헤아렸던 아들 요셉에게 돌아갔다.

이는 요셉의 경우만 그런 것이 아니라 성경의 아들들에게서 하나같이 나타나는 현상이다. 아버지의 좋은 것은 효심으로만 받을 수 있다.

불효자 압살롬

효자불패의 원리는 다윗의 아들 가운데서도 나타난 현상이었다. 이스라엘의 왕이었던 다윗도 야곱처럼 아내가 많았다. 그 가운데 태어난 아들들은 아버지의 좋은 것을 차지하기 위하여 싸웠다. 때로는 자신의 생모와 결탁하여 치열한 경쟁을 벌이기도 했다.

다윗의 아들들이 물려받을 수 있는 가장 최고의 유산은 왕위였다.

왕위만 있으면 권력과 명예는 물론이요 재물까지 얻을 수 있었다.

다윗의 아들들은 왕위를 물려받으려고 많은 다툼을 벌였지만, 싸움에서 1위를 한 자에게 왕위가 계승되지 않았고, 능력 있는 아들에게도 계승되지 않았다. 다윗의 왕위가 계승되는 데에도 효도의 원리가 작용했다.

다윗의 아들들 중에는 아버지를 닮아 특출한 인물들이 많았다. 압살롬은 셋째 아들이었지만, 다윗의 왕위를 물려받을 유력한 아들이었다. 그는 잘생겼고 걸출하였다. 스스로만 그렇게 생각한 것이 아니라 온 이스라엘 사람들도 그렇게 생각할 정도였다.

"온 이스라엘에 압살롬처럼 머리끝에서 발끝까지 흠 잡을 데가 하나도 없는 미남은 없다고 칭찬이 자자하였다."(삼하 14:25)

암논은 다윗의 맏아들이었지만, 일찍 왕위 쟁탈전에서 사라졌다. 그는 다윗이 사울의 딸 미갈과 헤어지고 난 뒤에 만난, 아히노암이 낳은 아들이었다. 암논은 다윗이 낳은 첫 아들이었던 만큼 아버지의 사랑을 많이 받았다.

그러나 암논은 아버지와 가족을 욕되게 하는 정상적이지 못한 사랑에 빠지고 말았다. 암논은 이복동생을 연애하였다. 그 동생은 다말이었는데 압살롬의 동생이었고, 아주 예뻤다. 암논은 다말을 사랑하여 병에 걸려 침상에 눕고 말았다. 그때에 자신에게 문병 온 아버지에게 특별한 요청을 했다. 자신의 병은 다말이 음식을 만들어 주어서 먹게 하면 나을 것이라고 하였다.

아무것도 모르던 다윗은 그렇게 하라고 했고, 영문도 모르던 다말은 암논의 집에 가서 음식을 만들었다. 암논은 미리 자신의 종들을 집 밖으로 내어 보냈고, 음식을 만든 다말을 자신의 침실로 유인하여 강간하였다. 암논은 자신의 욕정을 푼 후에 다말을 욕하며 대문 밖으로 쫓아냈다.

그 소식을 들은 다말의 오빠 압살롬은 분개하였다. 무엇보다 아버지 다윗이 그 일로 암논을 징계하지 않은 것이 불만이었다. 기회를 엿보고 있던 압살롬은 2년 후에 암논을 죽이려는 계획을 품고, 모든 왕자들을 양털을 깎는 축제에 초대하였다. 그날 압살롬은 암논을 죽이고 도망하였다.

압살롬은 외가에 피신하였다. 그의 어머니 마아가는 그술(Geshur) 왕 달매의 딸이었는데, 압살롬은 외가에서 정치를 배웠다. 좋은 아버지로부터 정치를 배우지 못하고 이방의 왕가에서 권모술수를 배웠다.

3년이 지나자 다윗은 압살롬이 예루살렘에 돌아오는 것을 허락했다. 그러나 압살롬은 아버지의 눈 밖에 나 있었기 때문에 아버지의 지지를 얻지 못했다. 그러자 압살롬은 반역을 일으켜 나라를 빼앗으려는 마음을 먹고 있었다. 압살롬은 때가 되자, 군사를 일으켜 왕궁을 공격하였다.

아버지 다윗은 압살롬과 전쟁을 벌이지 않고, 왕궁을 버리고 피신하였다. 압살롬은 궁궐 옥상에 텐트를 치고 아버지가 왕궁을 지키라고 남긴 후궁들과 온 이스라엘 사람들이 보는 데서 동침하며, 자신이 왕임을 증명해 보였다.

압살롬은 외모로 얻은 인기와 힘으로 반역에 성공했다. 결국 자신의 힘으로 바라던 것을 이루었다. 반군의 왕이 된 압살롬은 계속 전쟁을 해서 완벽한 왕이 되려고 했다. 그러나 전술이 부족했던 압살롬은 전쟁에서 이길 수 없었다. 그는 전쟁에서 패하자 노새를 타고 도망했다. 그러나 노새를 타고 급히 달리다가 상수리나무 가지에 그 자랑하던 머리털이 걸려 공중에 매달리고 말았다. 그때 압살롬을 쫓던 군사는 압살롬을 창으로 찔러 죽였다.

외모와 힘으로 무장한 압살롬은 진리의 흐름을 알지 못했고 결국 비참한 결국을 맞이하였다. 아버지의 권위에 도전하는 자식은 잘되지 않는 법이다. 부모의 것을 훔쳐서 자신의 것으로 삼을 수 없다. 그것이 보이는 재산이든, 왕위든 오래 유지할 수는 없다. 그것은 역사가 증명하며 성경에서도 알 수 있는 원리이다.

아도니야와 솔로몬

암논과 압살롬이 죽은 후, 다윗의 왕위를 물려받을 사람은 아도니야였다.

다윗의 첫째 아들 암논은 압살롬의 손에 죽었고, 둘째 아들은 길르압인데 아비가일이란 시골뜨기인 어머니를 둔 그는 왕위계승을 위한 특출한 점이 없어서 주목을 받지 못했다. 셋째 아들은 압살롬으로 앞에서 언급했듯이 비참하게 죽었고, 넷째 아들이 아도니야였다.

아도니야는 잘생겼고 평생에 한 번도 아버지 다윗으로부터 섭섭한 말을 들은 적이 없는 신임 받는 아들이었다. 암논과 압살롬이 죽은 다음, 백성들도 아도니야를 왕위계승자로 인정하고 있었다. 그의 권리에 대해서는 누구도 의심하는 사람이 없었다.

"어머니께서도 아시다시피 임금 자리는 저의 것이었고, 모든 이스라엘 사람은 제가 임금이 되기를 바라고 있었습니다."(왕상 2:15).

그런데 아도니야는 결정적인 불효를 저지르고 말았다. 왕인 아버지가 살아 있는데도 야심을 품고 왕의 행세를 했던 것이다. 자신이 타고 다니는 병거를 마련하고, 기병과 호위병 50명을 데리고 다녔다. 침상에서 죽기를 기다리고 있던 다윗의 귀에 아도니야의 이야기가 들어갔다. 그 이야기를 들은 다윗은 솔로몬을 후임자로 세웠다.

이런 정황을 통해 아도니야는 불효자이고, 왕위를 물려받은 솔로몬은 효자라고 이야기하기는 좀 어려운 것 같다. 성경도 누가 효자이고, 누가 불효자라는 식으로 직접적인 언급은 하지 않기 때문이다. 그러나 그들의 이후 행동을 들여다보면 이전에 했던 행동의 본심을 알 수 있다.

아도니야는 아버지가 죽고 솔로몬이 왕으로 즉위한 후에, 솔로몬의 어머니 밧세바를 찾아가서 한 가지 요청을 한다. 그것은 다름 아닌, 다윗이 동침하지 않은 아내 동녀(童女) 아비삭을 아내로 달라는 것이었다. 밧세바도 그것이 얼마나 악한 것인지 몰라서 솔로몬에게 가서 그렇게 하자고 이야기 할 정도였다.

그러나 그것은 그렇게 단순한 것은 아니었다. 아버지의 동녀를 아내로 달라는 것은 단순히 왕이 되지 못한 설움을 달래려는 성질과는 다른 것이었다. 그것은 엄연히 죽은 아버지를 욕보이는 꼴이었다. 아도니야는 그것이 아버지 다윗의 명예를 더럽힌다는 것을 의식하지 못했다. 이로 보아 아도니야는 효도하는 마음이 없었던 것이 확실했고, 결국 아버지로부터 좋은 것을 받지 못했다.

솔로몬이 효자라는 점도 다윗이 죽고 난 뒤에 확인된다. 그는 아버지가 죽으면서 남긴 유언을 지켰다. 다윗은 한때에 왕위가 튼튼하지 못하여 잘못을 저지른 부하들을 벌하지 못하였다. 뿐만 아니라 신세를 진 부하들에게 은혜를 갚지 못하였다. 다윗은 이 일을 솔로몬에게 이루어 달라고 하였다.

군대 장관 요압을 벌하고, 자신을 저주한 시므이를 처리하라고 하였다. 그리고 압살롬을 피해 도망할 때에 도와준 길르앗 바실래의 아들들에게는 은총을 베풀어 왕의 식탁에서 먹게 하라고 부탁했다.

솔로몬은 자신의 지혜로 아버지의 유언을 잘 실천했다. 솔로몬은 그들을 자신의 권력으로 무참하게 죽이지 않고, 그들이 죄를 범하기를 기다렸다가 범법의 이유로 죽였고, 은총을 베풀어야 할 자에게는 은총을 베풀었다.

무엇보다도 솔로몬은 아버지의 여호와 하나님을 믿었으며, 아버지가 준비한 성전건축을 차질 없이 수행한 효자였다. 그는 전도서에서 자신을 소개할 때에 다윗의 아들이라고 소개한다.

효자만이 아버지의 좋은 것을 받을 수 있다. 비록 육신의 아버지가 아니라도 부자(父子)관계를 맺어 많은 것을 얻은 사람도 있다.

엘리사는 엘리야를 아버지라 불렀으며, 엘리야는 하늘로 올라가면서 아들 엘리사에게 자신의 일곱 배나 되는 축복을 부어주었다. 디모데는 바울을 아버지처럼 따랐으며, 바울은 아들 디모데의 영적인 것뿐만 아니라 건강까지 걱정하는 마음을 편지에 표현하곤 했다. 사도 요한은 그의 서신에서 자신을 따르는 신자들을 자녀들이라고 불렀다.

효자는 늘 아버지의 마음을 헤아리기 때문에 아버지의 좋은 것을 다 받을 수 있다. 그 가운데서도 특히 아버지의 지혜를 받을 수 있으며, 그 지혜를 활용하는 방법까지 받을 수 있다.

성경의 훌륭한 영웅들은 다 아버지의 마음을 알고 아버지로부터 좋은 것을 받은 자들이었다. 특히 믿음의 족장들은 더욱 그러했다. 아브라함의 아들 이삭과 이삭의 아들 야곱은 아버지의 믿음을 남김없이 물려받은 효자들이었다.

효자는 죽지 않는다

효도는 순수한 지혜를 받는 영적이고 정신적인 통로이다. 부모를 사랑하는 자가 부모의 좋은 모든 것을 받을 수 있다. 마찬가지로 하나님을 사랑하는 자가 하나님의 말씀을 들을 수 있다. 하나님은 당신의 말씀을 듣는 사람을 특별히 사랑하신다. 그런 자에게 하늘의 비밀을 보여주신다.

하나님을 높이며 아버지를 사랑하고 살았던 요셉은 하늘의 마음뿐 아니라 세상이 돌아가는 원리를 정확히 알았다. 요셉은 하나님을 사랑하였고, 아버지를 섬기려는 하늘의 원리를 몸으로 체득했기 때문에 많은 사람들이 보아도 알지 못하고 들어도 깨닫지 못하던 지혜를 자연스럽게 얻을 수 있었다.

요셉은 그리스도의 표상으로 참 아들이 무엇인지를 보여주었다. 요셉이 아버지를 섬겼듯이 그리스도도 어떻게 아버지를 섬기는지를 보여주셨다. 그리스도는 늘 아버지의 마음을 알았고, 아버지가 기뻐하는 일을 행한다고 했다. 그리스도는 아버지의 뜻이라면 어떤 일도 마다하지 않았다.

요셉이 흉년에 먹을 것이 없어서 고생하는 백성들에게 양식을 먹인 것처럼, 그리스도는 하늘의 산 떡으로 사람들을 먹였다.

그리스도는 특별히 아버지가 생각하는 많은 아들들을 돌아오게 하는 데 자신의 모든 시간을 바쳤다. 그 일이 다른 사람들에게 멸시를 받는 일이라도 억울해 하지 않았다. 그 일로 슬픔과 질고를 당하는 대가를 치루기도 했지만, 그는 진리와 함께 기쁘게 일을 감당했다.

그 일은 모든 불효자의 죄를 지고 십자가로 가는 길이었다. 그리스도는 아버지의 뜻을 저버리지 않기 위하여 십자가의 고통을 참았다. 그리하여 결국 그곳에서 세상에 있는 아버지의 많은 아들들을 대신하여 죽었다. 그리하여 그는 효자가 받을 수 있는 최고의 것을 받았다.

그가 받았던 것은 창세로부터 예비 되었던 영원한 나라였다. 그리스도가 받은 그 나라는 결국 아버지의 많은 아들들을 위한 것이었다. 이제 그 나라는 누구에게나 열려 있다. 그러나 참된 효심이 아니면 아무도 볼 수 없다.

그리스도의 효심은 매우 커서 지금도 사람들의 귀에 들리고, 눈에 보인다. 그러나 불효자는 그 이야기를 한갓 허구로 돌리며 자신의 길을 갈 뿐이다.

목축업 속에 숨겨진 **비밀**

바로가 당신들을 불러서 너희의 직업이 무엇이냐 묻거든 당신들은
이르기를 주의 종들은 어렸을 때부터 지금까지 목축하는 자들이온데
우리와 우리 선조가 다 그러하니이다 하소서 애굽 사람은 다 목축을
가증히 여기나니 당신들이 고센 땅에 살게 되리이다(창 46:33-34).

사부곡(思父曲)은 이루어지고

형들과 새롭게 만나 화해를 한 요셉은 형제들에게 많은 선물을 주
어 보냈다. 요셉은 형들에게 수레를 주었으며, 길에서 먹을 양식도
주었다. 뿐만 아니라 형제들 각각에게 옷 한 벌씩을 주었으며, 베냐
민에게는 은 300과 다섯 벌의 옷을 주었다.

그리고 아버지께는 수나귀 열 필에 이집트의 아름다운 물품을 싣
고, 암나귀 열 필에는 아버지가 이집트로 오실 때 길에서 드실 곡식
과 떡과 양식을 실어 보냈다.

가나안으로 돌아온 요셉의 형들은 야곱에게 요셉이 지금까지 살아
있을 뿐 아니라 이집트의 총리가 되었다는 이야기를 했다. 야곱은 아
들들의 말을 듣고, 정신이 나간 듯 어리벙벙하여 그 말을 곧이들을
수가 없었다. 더구나 요셉이 이집트의 총리가 되었다는 말은 더욱 믿

을 수가 없었다. 그러나 야곱은 요셉이 자기를 데려오라고 보낸 수레들을 보고 나서야 비로소 제정신을 차렸다.

기운을 차린 야곱이 말하였다.

"이제는 죽어도 한이 없다. 나의 아들 요셉이 아직 살아 있다니! 암, 가고말고! 내가 죽기 전에 그 아이를 보아야지!"

야곱은 요셉을 만나러 가기 위하여 모든 식구들과 재산을 챙겼다. 그리고 이집트를 향하여 길을 떠났다. 야곱이 고향을 떠나 이집트로 간 것이 요셉의 말만 듣고 즉흥적으로 떠난 것처럼 보인다. 그러나 야곱의 삶을 자세히 관찰해 보면 즉흥적인 것이 아니라, 많은 고민 가운데 떠났다는 것을 알 수 있다.

야곱은 처가댁인 밧단아람을 떠나올 때에도 많은 고민을 했다. 얍복 강에 이르렀을 때에는 형의 손에 죽을 수 있는 위험까지 감수하고 고민하는 가운데 고향으로 돌아왔다. 그런 그가 이제 늙어서 죽음을 앞두고 있는데, 즉흥적으로 고향을 떠났다는 것은 말이 되지 않는다. 그것도 아브라함 때부터 약속의 땅으로 믿었던 고향을 두고 말이다.

야곱이 고향을 떠난 이유는 아마 요셉이 형제들을 통해 전해 준 메시지 때문이었을 것이다. 야곱은 그 메시지를 통해 요셉이 약속을 붙들고 있다는 사실을 발견하였다. 죽어도 여한이 없다는 말은 단순히 요셉을 다시 만나게 된 것이 기쁘다는 것이 아니라, 하나님의 약속이 요셉을 통하여 이루어져가는 것을 눈으로 확인할 수 있어서 기쁘다는 것이다.

야곱은 약속의 실행자가 자신에게서 요셉으로 옮겨가는 것을 느꼈다. 그동안 자신의 믿음을 물려줄 아들을 찾지 못했는데, 뜻밖에도 하나님이 이집트에서 키우신 요셉을 찾게 된 것이다. 이제 믿음의 부자(父子)는 영감으로 다시 마음을 합할 수 있게 되었다.

야곱은 요셉의 말을 확신하며 온 가족을 이끌고 이집트를 향해 가고 있었다. 그러나 약속의 땅으로 믿었던 가나안을 떠나는 것은 여전히 두려웠다. 그래서 브엘세바에 이르러 하나님께 희생 제사를 드리며 기도했다. 기도 가운데 하나님이 두려워하는 야곱에게 나타났다.

"나는 하나님, 곧 너의 아버지의 하나님이다. 이집트로 내려가는 것을 두려워하지 말아라. 내가 거기에서 너를 큰 민족이 되게 하고, 나도 너와 함께 이집트로 내려갔다가 내가 반드시 너를 거기에서 데리고 나오겠다. 요셉이 너의 눈을 직접 감길 것이다."(창 46:3-4).

야곱은 그 밤에 할아버지 아브라함에게 나타나서 말씀하였던 하나님의 약속을 확인했다. 아브라함이 후손이 없어서 고민하며 제사를 드리던 어느 날, 하나님이 나타나서 후손에 대한 말씀을 하셨다. 아브라함은 깊이 잠든 중 두려운 가운데 말씀을 받았다.

"너는 똑똑히 알고 있거라. 너의 자손이 다른 나라에서 나그네살이를 하다가 마침내 종이 되어서, 사백 년 동안 괴로움을 받을 것이다. 그러나 너의 자손을 종살이하게 한 그 나라를, 내가 반드시 벌할 것이며, 그 다음에, 너의 자손이 재물을 많이 가지고 나올 것이다."(창 15:13-14).

야곱은 아브라함이 받은 메시지를 깨달음으로 약속을 좀 더 폭넓게 이해할 수 있었다. 가나안 땅을 떠나는 것이 약속을 저버리는 것이 아니라, 약속의 한 과정이라는 것을 알았다. 이집트에서 별과 같이 많은 자손을 얻어 가나안으로 다시 돌아올 수 있다는 생각을 하자, 야곱은 편안하게 이국땅 이집트로 발걸음을 옮길 수 있었다.

야곱은 이집트로 들어가기 전에, 제일 믿음직한 아들 유다를 요셉에게 미리 보내어 자신들이 고센으로 간다는 것을 알리게 하였다. 이는 요셉이 양식을 사러 왔던 형제들에게 이미 했던 이야기 속에 포함되어 있는 내용이기도 했다.

야곱과 요셉은 고센 땅이 하나님의 약속을 지킬 수 있는 가장 좋은 땅이라는 것을 서로가 말을 하지 않아도 영감으로 느끼고 있었던 것 같다.

야곱의 일행이 고센 땅에 이르렀다. 요셉은 아버지를 맞으려고 병거를 갖추고 고센으로 달려갔다. 고센으로 향하는 병거는 느린 것만 같았다. 멀리서 요셉을 기다리는 아버지와 일행들이 보였다.

요셉이 드디어 아버지 앞에 섰다. 아버지의 머리카락은 더 희어지고, 주름살도 더 늘었지만, 자상하신 모습은 여전했다. 말보다는 눈물이 앞섰다. 와락 아버지의 넓은 가슴에 안겼다. 말로 표현할 수 없는 아버지의 온갖 따뜻함이 전해져왔다. 서로가 얼마 동안 말없이 울었다. 한참을 울고 난 후 야곱이 말했다.

"나는 이제 죽어도 여한이 없다. 내가 너의 얼굴을 보다니, 네가 여태까지 살아 있구나!"

이렇게 해서 요셉은 그토록 느껴보고 싶었던 아버지의 사랑을 확인했다. 다시 만난 부자(父子)는 많은 이야기를 하며 그동안 경험했던 하나님의 경륜을 나누었다. 서로가 놀라워했던 것은 하나님의 약속은 변함이 없었다는 것이었다. 그들은 변함없는 하나님의 약속 가운데 이국의 험한 땅에서의 어려움도 믿음으로 헤쳐 나갈 용기가 생겨났다.

성경은 야곱의 후손으로 고센에 이른 자들의 이름을 낱낱이 언급하고 있다. 숫자까지 기록하여 한 사람 한 사람이 다 하나님의 인도를 받은 것이라는 것을 나타낸다. 온 가족들의 숫자는 요셉과 요셉의 아들까지 합하여 70명이었다. 가족들은 앞으로 무엇을 하며, 어떻게 살아갈 것인가.

요셉의 깊은 혜안

요셉은 아버지와 형제들을 이집트로 부르기 위해서 많은 준비를 했었다. 무엇보다도 자신의 정치적 입지를 많이 고려했다. 만약, 요셉이 총리가 되자마자 아버지와 형제들을 불렀다면 많은 부담이 있었을 것이다.

왕에게 특출함을 인정받아 총리가 되기는 했지만, 주변 정치인들의 시선은 곱지 않았다. 요셉이 상석(上席)을 차지하므로 밀려난 사람들은 요셉의 약점을 노리고 있었기 때문에 아버지와 형제들이 오면 정적들에게 먹잇감이 될 수도 있었다.

요셉이 아버지와 형제들을 부르기 위해서는 총리로서 실질적인 힘을 키워, 왕뿐만 아니라 많은 백성들에게 실력을 인정받아야 했다. 요셉이 7년의 풍년을 정확히 예측하여 흉년을 대비한 것은 총리의 입지를 안정적으로 구축해 주었다. 그 사이에 많은 정적들은 힘을 잃었고, 흉년이 되어 예언이 다시 적중하자 요셉의 입지는 더욱 견고해졌다.

그때에 마침 형들은 자신들의 발로 이집트에 찾아 왔고, 요셉은 그

것을 잘 활용했다. 그때 흘렸던 요셉의 눈물은 이집트 왕실을 감동시켰고, 파라오가 아버지와 형제들을 이집트로 초청하는 형식을 갖추게 했다.

요셉은 아버지와 형제들을 이집트로 부르면서 많은 기도를 했다. 아버지의 가족들이 이집트라는 대국에서 어떤 존재로 살아가게 할 것인가를 먼저 생각했다. 요셉은 종족의 비전을 생각하지 않을 수 없었다. 또한 하나님이 자신에게 보여주신 비전을 후손들이 어떻게 이루며 살아가게 할 것인지 깊이 생각하였다.

아브라함의 약속을 계승하여 내일을 꿈꾸는 한 종족으로서의 기초를 다지기 위해 아버지의 가족들이 이집트에서 어떤 일을 할 것인가는 중요한 문제였다. 그 일은 가족들의 정착과도 연관이 있었다.

질그릇에 담긴 보배

요셉이 형제들과 아버지와 집안 식구들에게 말하였다.

"제가 가서 파라오께 이렇게 말씀 드리겠습니다. '가나안 땅에서 살던 형제들과 아버지의 집안 식구들이 왔습니다. 본디 가축을 치던 목자들이어서 소와 양과 모든 재산을 가지고 왔습니다.' 이렇게 말씀 드려둘 터이니 파라오께서 부르시어 생업이 무엇이냐고 물으시거든 '선조 대대로 저희는 어려서부터 가축을 치는 목자들입니다.' 하고 대답하십시오. 이렇게 말해야 고센 땅에서 사실 수 있습니다. 이집트 사람들은 도대체 목자라면 꺼려서 가까이하지도 않습니다."

요셉은 파라오에게 가서 아버지와 형들과 그들의 양과 소와 모든 소유가 가나안 땅에서 와서 고센 땅에 있다고 하며, 형들 중에 다섯 명을 택하여 파라오에게 인사시켰다. 파라오는 요셉의 형들에게 물었다.

"너희의 생업이 무엇이냐?"

요셉의 형들은 목자이며 선조들도 다 목자였다고 말했다. 그리고 가나안 땅에 기근이 심하여 목축할 곳이 없어서 이집트에 잠시 머무르려고 왔는데, 고센 땅에 거하게 해 달라며 요셉이 시키는 대로 이야기를 했다.

그들의 요청을 들은 파라오는 야곱의 가족들을 고센에 거하게 했다. 그리고 요셉에게 말하여 형제들 중에 유능한 사람을 자신의 가축을 돌보는 책임자로 세우라고 했다.

요셉은 아버지 야곱을 모시고 와서 파라오를 만나게 하였다. 야곱은 파라오의 만수무강을 빌었다. 그 말은 왕을 알현할 때에 사용하는 말이었다. 그러자 파라오도 야곱에게 나이를 물었다. 이로 보아 파라오는 야곱을 형식적으로 만난 것이 아니라, 어느 정도 대화를 나누었다는 것을 알 수 있다.

야곱은 파라오 앞에서 자신을 소개했다.

"이 세상을 떠돌아다닌 햇수가 백 년하고도 삼십 년입니다. 저의 조상들이 세상을 떠돌던 햇수에 비하면 제가 누린 햇수는 얼마 되지 않지만 험악한 세월을 보냈습니다."(창 47:9).

야곱의 대답은 유별나 보인다. 야곱은 자신의 나이를 묻는 말에 조상까지 들먹였다. 야곱은 조상들에 비해 짧은 삶을 살았다면서 자신을 낮추었다. 그렇지만 험한 세월을 살면서 인생이 무엇인지를 조금 알았다고 말했다. 무엇보다 지난 세월을 조상들의 세월과 비교하면서 자신이 약속의 조상임을 은근히 증명했다.

야곱은 늙고 다리까지 절었다. 그는 이집트 사람들이 천하게 여기는 목축하는 사람들의 족장이었다. 그러나 파라오는 야곱의 확신에 찬 목소리를 무시할 수 없었고, 야곱은 자신의 존재를 천하대국의 왕 파라오에게 알렸다.

야곱은 파라오를 다시 축복하고 떠났다. 야곱이 파라오를 축복했다는 말이 두 번이나 등장한다. 이는 야곱이 하나님의 전권대사로서 선지자와 족장의 권위를 가지고 파라오를 위하여 기도했던 것으로 보인다.

야곱은 비록 이집트 사람들이 천하게 여기는 목축을 하며 살았어도, 당당한 정신으로 살았다. 직업이나 외적인 지위가 그를 당당하게 만든 것은 아니다. 그의 신념과 조상 때부터 전해 내려오는 하나님의 약속이 그를 당당하게 만들었다.

요셉도 아버지와 같은 생각을 가지고 있었기 때문에, 이집트의 총리라는 체통도 버리고 아버지의 가족들이 천한 일을 택하게 했다. 자신의 체통보다는 하나님이 더 큰 존재라는 것을 알았기 때문에 목축은 더 이상 천한 일이 아니었다.

요셉은 질그릇에 담긴 보물이 언젠가는 빛이 날 것이라는 기대와 소망을 버리지 않았다.

난득호도(難得糊塗)*의 지혜

야곱의 가족 이주 계획은 요셉이 섣부르게 결정한 일이 아니라, 많은 생각과 고민 끝에 내린 결정이었다.

요셉이 단순히 아버지를 보고 싶었으면 가나안에 갈 수도 있었고, 흉년을 넘기게 하려고 했으면 양식을 실어 나를 수도 있었다. 단지 기근을 면하려는 이유만으로 아버지를 설득해서 오라고 했다면, 고집 센 야곱은 움직이지 않았을 것이다.

야곱과 요셉에게는 서로가 확인한 하나님의 약속이 있었기 때문에 고센 땅에서 새로운 삶을 시작할 수 있었다. 야곱과 요셉은 하나님이 아브라함에게 환상으로 보여주신 이방의 객이 되는 장소가 바로 고센 땅이라는 것을 영적인 감각으로 이미 알고 있었다.

고센은 나일 강의 삼각주의 동쪽 지역으로 나일 강 본류로부터 멀어서 농사에 필요한 물을 끌어들이기가 불편한 곳이다. 그래서 그 땅은 농경지로서는 부적합한 곳이었다. 그러나 그 땅이 오히려 박토라서 이스라엘 백성이 믿음을 지키기에는 좋은 곳이었다. 주류 지역과도 분리되는 곳이어서 야곱의 족속들이 그들만의 공동체를 유지하기에도 좋은 곳이었다.

요셉과 야곱의 가족들은 목축을 하며 고센 땅에서 새로운 시작을 하였다. 사람마다 좋은 일을 하며 살고 싶어 하는데 요셉과 야곱의 가족들은 냄새나는 천직을 고집하는 것처럼 보인다. 더구나 목축은

----

* 바보(糊塗)인 척하기 어렵다(難得)는 말로써 험한 세상을 살아가면서 자신의 능력을 감추고 바보인 척 하면서 살아가는 지혜를 말한다. 청나라 문학가 정판교(鄭板橋)라는 사람이 처음 사용한 말이다.

이집트 사람들이 천하게 여기는 직업이라고 알고 있는데, 왜 그들은 총리의 가족이면서 그 일을 하려고 했을까.

요셉에게 아버지의 가족들이 정치적으로 부담이 되었던 것일까. 그래서 외진 지역에서 천한 일을 시켜서 아예 정적들과 교제도, 식사도, 접근도 못하게 했을까. 그리하여 자신이 정치하는 데 장애가 되지 않도록 하기 위함이었을까. 만약, 그렇다면 아버지와 형제들을 굳이 이방 땅까지 데리고 올 필요가 없었을 것이다.

요셉은 이집트 사람들이 천히 여기는 목축을 함으로써, 결혼을 통한 혼합의 위험을 줄여 종족의 정통성을 유지할 수 있다는 것을 알았다. 천한 일을 하는 이스라엘 사람들과 결혼하려는 이집트의 상류층들은 없을 것이다. 그렇다고 자부심 많은 약속의 자손들이 이집트의 하류 계층과 통혼할 가능성도 없을 것이다.

하여간 요셉은 히브리 민족의 비밀들이 질그릇에 담긴 보배가 되게 하여서 이집트 사람들이 잘 알아볼 수 없도록 만들었다. 요셉은 자신을 어리석게 보이게 해 상대방을 안심시킴으로 자신의 힘을 기르는 난득호도의 지혜를 알고 있었던 것 같다. 그래서 일부러 천한 직업을 통해서 히브리인들의 지혜를 숨기고, 종족을 유지하려는 비밀을 감추고 있었다.

요셉은 목축하는 일을 통해서 종족을 번성케 하려는 생각도 가지고 있었다. 목축하는 일은 무엇보다 많은 일손이 필요하다. 그러려면 자연히 출산이 많아지게 되어 인구가 늘어날 수밖에 없다.

출애굽기에 보면 히브리 여인들은 이집트 여인들과 같지 않아서 건강하다는 기록이 나와 있다. 이런 말이 산파들의 입에서 나왔다는 것은 목축이라는 노동이 건강을 유지하게 하여 히브리 여인들이 출산을 잘 하였다는 것을 말해 준다. 이런 관점에서 목축은 이스라엘 백성에게 주어진 선물이었다.

요셉은 목축의 유용성도 알고 있었다. 목축은 떠나기가 용이한 직업이다. 그 점에서는 농업과는 다르다. 농업은 땅을 어머니로 삼아서 하는 직업이기 때문에 땅을 떠나서는 직업을 이어나갈 수가 없다. 농사일을 하는 민족은 땅을 버릴 수가 없기 때문에 이동이 불가능하다. 히브리 민족은 이동이 용이한 목축업을 했기 때문에 이집트 땅을 떠날 때, 양과 소와 모든 소유를 가지고 떠날 수 있었다. 지금도 유대인들은 그들의 자산으로 땅을 사기보다는 동산을 소유하는데, 이는 오랜 이동과 핍박 가운데서 생긴 지혜이다.

요셉은 목축하는 일이 이집트 주류에서 소외받는 직업이기 때문에 늘 약자로 살아야 하는 고통이 있다는 것을 알았다. 하늘이 준 천직을 가지고 힘들게 살아야 하는 사람들은 한을 가지고 살 수밖에 없다. 그렇지만 그들이 하는 일에 대한 질문을 하며 정체성을 점검할 수 있다. 천한 일을 하면서도 믿음을 확인하며 하늘에 소망을 두고 살아갈 수 있다.

이집트 사람들은 목축을 천한 직업으로 여겼지만, 그것은 어디까지나 계급을 좋아하는 그들이 만들어낸 편견에 불과하다. 오히려 목축은 자연의 진리를 많이 접할 수 있는 일이다. 계절의 변화에 따라 순종하며, 대자연과 함께 호흡하면서, 수고한 대로 거두는 정직한 일이다. 성경에 나오는 최초의 직업이 농사하는 일과 목축하는 일이었다.

만약 야곱의 가족들이 고센으로 가지 않고, 편리한 도시로 들어가 살았다면 어떤 일이 벌어졌을까. 도시는 상인들이 사람들을 현혹시키는 상술로 물건을 파는 곳이다. 뿐만 아니라 이 나라 저 나라의 유행과 종교들도 파는 곳이다. 야곱의 가족들이 도시에서 살면 과연 유혹을 이기고 신앙을 지킬 수 있었을까. 요셉은 아버지의 가족들이 도시에서 살면 그 옛날, 롯이 소돔 땅에서 망한 것과 같은 위험이 있다는 것을 알았다.

야곱의 가족들이 도시로 갔다면 또 다른 위험이 있었다. 도시에는 곳곳에 인재를 구하려는 거물들의 손길이 있다. 거물들은 그들의 유익을 위한 것이라면 어떤 학문이든 종교든 가리지 않고 이용한다. 그들은 그들의 이익만 된다면 누구라도 이용하려는 경향이 있다. 여호와를 섬기는 요셉도 그런 가운데 등용된 인물이었다. 모세도 비록 나일 강에 던져진 히브리인의 아들이었지만 이집트 공주의 양아들이 되었다.

혼합주의 사상을 가진 이집트인들이 지혜로운 야곱의 가족들을 이용할 것은 뻔했다. 그런 후 이름도 이집트 식으로 바꾸고, 국적도 바꾸어 주는 친절을 통해서 자국민으로 만들 것이다.

아브라함으로부터 물려받은 야곱의 가족들이 가진 지혜는 이집트인들과는 비교가 되지 않을 정도로 위대한 잠재력이 있었다. 만약 그런 지혜가 이집트에 알려진다면, 히브리 민족의 정통적인 흐름은 굽을 수밖에 없다. 그러나 야곱의 가족들의 지혜는 아직 어린잎에 불과했기 때문에 대국을 상대하기까지는 때가 차야했다.

레갑인의 비밀

잠시 예레미야서로 넘어와 살펴볼 한 족속이 있다. 예레미야는 그 족속을 쓰러져가는 남왕국 유다백성의 신앙과 대조하여 소개하고 있다.

여호와의 말씀이 임한 예레미야가 한 족속을 찾아갔다. 예레미야는 그들을 성전의 한 방으로 데려왔다. 예레미야는 그들을 유다 지도자들에게 소개하여 신앙의 돈독함을 보여주려고 했다. 예레미야는 그들 앞에 포도주가 가득 찬 사발과 잔을 놓고 마시라고 권했다. 그러나 그들은 포도주를 사양하며 자신들의 신념을 정중하게 말했다.

> 우리는 포도주를 마시지 않습니다. 우리의 조상 레갑의 아들 요나답께서 우리에게 분부하셨습니다. '너희는 포도주를 마시지 말아라. 너희뿐만이 아니라 너희 자손도 절대로 마셔서는 안 된다. 너희는 집도 짓지 말고, 곡식의 씨도 뿌리지 말고, 포도나무도 심지 말고, 포도원도 소유하지 말아라. 너희는 언제까지나 장막에서만 살아라. 그래야 너희가 나그네로 사는 그 땅에서 오래오래 살 것이다.' 그래서 우리는 우리의 조상 레갑의 아들 요나답께서 우리에게 명령하신 모든 말씀에 순종하여, 우리와 우리 아내와 우리 아들과 딸이 일평생 포도주를 마시지 않았습니다. 우리는 거처할 집도 짓지 않고, 포도원이나 농토나 곡식의 씨도 소유하지 않았습니다. 우리는 오직 우리의 조상 요나답께서 우리에게 명령하신 모든 말씀에 순종하여, 그대로 실천하면서 장막에서 살았습니다(렘 35:6-10).

그들은 자신들을 레갑의 후예들이라고 말했다. 그들이 여호와를 믿고 있었지만, 조상 요나답의 분부대로 했다는 이야기로 보아서 아브라함의 혈통은 아닌 듯하다. 그 족속의 기원은 분분하지만, 예레미야가 여기서 밝히려는 것은 그들이 가진 신앙의 비밀이다.

그들은 믿음을 지키기 위해 비밀의 계율을 가지고 있었다. 그것은 혼란한 세상에서 그들의 존재를 유지하기 위한 메시지였다. 그것은 금기사항으로만 표현된 신비의 화두(話頭), 즉 해서는 안 되는 일들로만 기록된 계명이었다. 그 계명을 지키면 잘되고 오래 살 수 있었다.

일반적으로 오래 살려면 좋은 직업을 가지고 잘 먹으며, 좋은 집에 살아야 하는데, 레갑의 아들 요나답은 거꾸로 이야기를 했다. 포도주를 마시지 말라는 이야기는 이해가 가지만, 집도 짓지 말고, 씨앗을 뿌리거나 포도원도 소유하지 말라는 이야기는 단순한 금기명령으로 이해하기는 어렵다.

요나답의 말은 목축을 하며, 유리방황을 감수하고 텐트에서 살아야 한다는 이야기이다. 그래야 잘살 수 있다는 요나답의 이야기는 어떤 이단의 말처럼 들리기도 한다. 그러나 믿음의 비밀이 원래 상식을 뛰어넘는 이야기라면, 요나답의 말은 한 번 생각해 볼 만도 하다. 믿음의 비밀은 방법적인 이야기가 아니다. 정신이 있어야 실천할 수 있는 비밀이다. 신앙의 계율은 정신을 간과하고 흉내만 내다가는 낭패를 당하고 만다.

요나답은 그 옛날 야곱의 가족들이 이집트에 들어가서 목축을 하며 번성했던 비밀을 알고 있었을까. 요나답은 자신뿐 아니라 후손들에게도 히브리 족속처럼 천하게 살면서 방랑하는 삶을 따르게 했다. 그런 삶은 마치 지혜가 없어서 주류에서 밀려난 것 같은 느낌이 든

다. 그러나 사실 그들의 삶 속에는 세상의 지혜를 넘어선 하늘의 지혜가 숨어있었다.

레갑 족속은 신앙을 따라 이동이 용이하게 살았다. 그들은 텐트에 살면서 물질이 주는 중압감보다 하늘이 주는 자유를 마음껏 누리고 살았다. 그들은 누가 측은하게 보아도 당당할 수 있었다. 그들은 신앙을 위해서라면 어떤 것도 포기할 수 있었다. 그들은 신앙을 위해서 예루살렘으로 들어왔고, 선지자의 눈에 발견되었다.

예레미야는 이들의 믿음에 대해 복을 빌었다. 하나님의 축복은 참으로 역설적인 비밀처럼 보인다.

"그러므로 나 만군의 주, 이스라엘의 하나님이 말한다. 레갑의 아들 요나답의 자손 가운데서 나를 섬길 사람이 영원히 끊어지지 않을 것이다."(렘 35:19).

소유냐 존재냐

인간의 삶은 동물과는 달리 많은 것이 필요하다. 인간은 단순히 먹고 배만 부르면 만족할 수 있는 존재가 아니다. 또한 종족 번식만으로도 존재의 의미를 느끼지 못한다. 인간은 존재의 의미를 느끼기 위하여 많은 것을 소유하기를 원한다. 그 소유는 보이는 물질일 수도 있고, 보이지 않는 권력이나 명예일 수도 있다.

현대 사회는 소유가 곧 존재라는 등식이 성립하는 사회가 되었다. 존재를 극대화 하려고 소유를 위한 경쟁이 치열하다. 잘못된 소유의 메커니즘 속에서 현대인은 고통하고 있다. 자신의 소유물에 부패한 가스가 차기 시작하다가 나중에는 그것이 폭발로 이어져 존재의 의미를 상실하고만 이야기는 아주 흔하게 들을 수 있다.

성경은 인간 존재가 그런 위험을 가지고 있다고 창세기 첫 부분에서부터 경고하고 있다. 하와는 자신의 존재를 극대화 하려고 욕심을 부렸다. 그 틈을 탄 뱀은 소리 없이 하와의 마음에 유혹을 불어넣었다. 욕심과 유혹은 놀라운 화학반응을 일으켰다. 본심을 잃어버린 하와는 소유에 이끌린 삶을 선택했다. 그녀는 자신이 원하는 것을 손에 넣었지만, 행복을 느끼지 못했다. 그녀에게 닥친 것은 고통과 슬픔뿐이었다.

지금도 사람들은 인류의 어머니 하와의 자녀가 되기를 갈망하고 있다. 많이 소유한 사람들의 착각과는 달리, 인간은 소유만으로 만족하지 못하고 있다. 그럼에도 욕심에 이끌린 많은 사람들은 맘몬을 쫓아 넓은 길로 달려가고 있다.

요셉이 살았던 이집트에서도 마찬가지였다. 요셉은 소유가 많다고 해서 자신의 존재를 극대화 할 수 없다는 것을 알았다. 많은 소유가 오히려 생육하고 번성하는 데 위험한 방해물이 된다는 것을 알았다. 요셉은 직업이나 계급이 존재의 가치를 바꾸지 못하며 오히려 사람의 존재가 소유나 힘을 만들어 낸다는, 소유와 존재의 역학관계를 깨달았다.

요셉에게는 당장 눈에 보이는 많은 소유는 없었지만, 멀리 보이는 약속이 그의 소유였다. 그래서 그는 자신의 민족의 존재를 유지하기 위하여 척박한 땅을 택하고, 냄새나는 천한 일을 선택했다.

그리스도도 소유와 존재의 원리를 아주 명확하게 보여주고 있다. 그는 인간의 옷을 입고 이 땅에 오셨다. 그는 음식이 필요했고, 의복도, 집도 필요했다. 그러나 그는 의식주로 자신의 존재를 설명하지 않았다. 그는 바리새인처럼 위엄 있는 옷을 입지 않았어도, 가르침은 권세가 있었다. 그는 파티를 즐겼지만, 먹는 것을 쌓아두지 않았다. 그래도 그는 필요가 있으면 5,000명이나 먹일 수 있는 능력이 있었다.

그는 삶을 통해 소유로부터 자유로운 존재가 어떤 것인지를 눈으로 보여주었다. 당시에 많이 가진 자들은 그를 비웃었지만, 그는 현혹되지도 성내지도 않았다.

오히려 그는 모든 소유를 버림으로 인간 존재의 참된 의미를 직접 보여주었다. 나중에는 자신의 소유 중에 가장 귀한 육체(Flesh)까지도 버림으로 인간의 진정한 소유가 무엇인지 생각하게 하였다.

12. 운명을 해석하는 **원리**

이에 요셉의 주인이 그를 잡아 옥에 가두니 그 옥은 왕의 죄수를 가
두는 곳이었더라 요셉이 옥에 갇혔으나(창 39:20).

요셉의 운명

요셉은 성공한 사람이지만, 애환이 많았던 사람이었다. 그는 모든
사람들같이 자신의 처지를 비관하며 실망을 경험했다.

요셉은 복잡한 가정환경 가운데서 태어났다. 태어나보니 형들이
10명이나 있었고, 어머니는 무려 네 명이나 있었다. 아버지는 그 틈
에서 힘들 때가 많아 보였다.

아버지는 타향의 외할아버지 댁에서 외할아버지의 양을 쳤다. 아
버지는 품삯 문제로 외할아버지에 대한 불만이 많았다. 결국 아버지
는 외할아버지 몰래 외할아버지의 동네를 도망쳐 나왔다. 그러나 외
할아버지는 아버지를 뒤쫓아 와서 칼로 위협하기까지 했다.

온 가족이 아버지의 고향으로 가는 길에서는, 요셉에게 가장 큰 불
행이 왔다. 어머니가 동생 베냐민을 낳다가 죽은 일이다. 그 일은 어

린 요셉이 받아들이기 힘든 슬픔이었다. 어머니가 죽자 아버지는 베들레헴으로 가는 길에 어머니를 장사하고, 비석을 세워서 애도했다.

어린 요셉이었지만 그런 모습은 그의 뇌리에서 사라지지 않았고, 어머니의 존재를 기억할 때마다 그 광경이 떠올랐다. 핏덩이 같았던 동생 베냐민은 젖동냥으로 자랐는데, 베냐민과 함께 어머니 없는 아픔을 많이 느꼈다.

아버지는 애처로운 요셉과 베냐민을 많이 사랑했다. 어머니가 못다한 사랑을 베푼 것인지 몰라도, 요셉에게는 특별대우를 할 때가 많았다.

요셉은 형들에 비하여 좋은 옷을 입기도 했고, 음식을 먹을 때에도 아버지의 상에서 먹었다. 요셉은 그것이 싫지는 않았지만, 형들의 질투로 인하여 오히려 힘들 때가 많았다.

요셉은 형들의 질투 끝에 이집트에 종으로 팔려갔다. 그것은 전쟁에서 포로가 된 것보다 더 큰 상처였다. 어릴 때에는 어머니에 대한 그리움이 컸는데, 종으로 팔려가서는 아버지에 대한 그리움이 밀려왔다. 고향이 있지만 돌아갈 수 없었던 요셉의 마음은 외롭기 그지없었다.

요셉은 종으로 팔려갔지만, 보디발의 집에서 열심히 일했다. 자신의 힘과 지혜를 잘 발휘했다. 탁월함을 인정받아 보디발 집의 온 재산을 직접 관리하게 되었다. 그러면서 성공하면 고향에 돌아갈 길이 있으리라는 소망에 부풀기도 했다.

그러나 요셉의 삶은 참으로 기묘했다. 요셉을 성적인 노리개로 생각한 보디발의 아내가 집요하게 유혹했는데, 그 유혹을 극복하려고 하다가 감옥에 갈 줄이야 누가 알았겠는가. 요셉은 운명의 장난 같은 일에 울었다. 너무 억울하여 탄원해 보기도 했지만, 소용이 없었다.

그는 불합리한 사회구조를 보았고, 또 그 사회구조 속에 있었지만 반정부 투쟁이나 선동은 하지 않았다. 그에게 닥쳐온 어두운 터널을 받아들이는 가운데 새로운 지혜를 발견하여 운명을 해석해 나갔다.

네 운명을 알라

사람들이 보통 운명이라는 말을 사용할 때는 일이 잘되지 않을 때나, 큰 사고를 당했을 때 사용한다. 그때를 가리켜 운명의 장난 또는 악마의 장난이라고 말한다. 그러나 좋은 일이 일어났을 때는 개인의 노력이나 지혜로 되었다고 여기며 운명이라는 말로 단정하지 않는다.

대부분의 사람들이 사용하는 운명이라는 말은 실체가 분명하지 않은 추상적인 용어이다. 국어사전이 말하는 운명이란 '인간을 포함한 모든 것을 지배하는 초인간적인 힘이나 그것에 의하여 이미 정해져 있는 목숨이나 처지' 이다.

세간에서는 힘의 존재에 대하여 많은 이야기들을 한다. 그 이야기들은 대체적으로 공통점이 있는데, 불가항력적인 힘 앞에서 인간이 왜소함을 느끼고 두려워한다는 점이다.

국어사전이 설명하는 의미의 운명은 있는 것인가. 실제로 사람이 미리 정할 수 없는 개인적인 운명이 있다. 사람의 출생은 그야말로 운명이다. 나라나, 가문이나, 성별 등을 자신이 결정해서 태어나는 사람은 아무도 없다.

불가항력적인 운명은 개인의 장래에 결정적인 영향을 미친다. 어떤 시대에 어떤 부모로부터 태어나느냐의 일은 개인의 장래에 결정적인 영향을 준다. 태어나서 시대의 문화와 부모의 가치관에 영향을 받지 않는 사람은 없다. 어리면 어릴수록 부모의 영향을 많이 받으며, 부모의 모든 것을 비판 없이 그대로 수용한다.

요셉의 형들은 모두 아버지로부터 강한 영향을 받았다. 그들은 아버지를 힘들게 하기도 하고, 반항하기도 하면서 아버지의 손아귀로부터 벗어나려고 했다. 유다는 아버지와 형제들을 떠나 혼자 결혼하기도 했고, 르우벤은 그의 서모인 빌하를 통간해서 아버지와 일정 기간 힘든 시기를 보내기도 했다. 그럼에도 그들은 아버지의 영향력을 완전히 벗어나지는 못했다.

요셉의 형들은 운명적인 영향력을 잘 활용하지 못했다. 그들은 아버지의 좋은 영향력을 벗어나고자 무던히도 애썼다. 그들은 하늘이 내린 효심을 거부하고, 자신의 힘으로 살아보려고 했다. 자신들의 처지를 동생 요셉과 비교하며 늘 불평했고, 아버지 몰래 나쁜 일을 행했다.

요셉의 형들은 나쁜 짓을 하고도, 아버지의 책망에 반성은커녕 합리화하기 일쑤였다. 그들은 결정된 운명을 받아들이지 않았다. 그러면서도 자신들의 운명을 개척하여 독립하려고 많은 노력을 했다. 그러나 주어진 운명의 발판을 딛지 않고는 독립할 수 없었다.

요셉도 불행하기는 마찬가지였다. 어린 나이에 어머니를 여의었고, 외로움 속에서 힘든 시간을 보냈다. 요셉이 아버지의 많은 사랑을 받아서 마음이 넉넉했던 것으로 이해할 수는 있으나, 아버지의 사랑은 어머니의 따뜻하고 부드러운 사랑에 비할 바는 못 되었다. 나이 많은 형들의 질투는 어린 요셉을 더없이 힘들게 했다. 그러나 요셉은 그 모든 것을 있는 그대로 받아들였다.

요셉은 형들의 질투에 의해 이집트에 종으로 팔려간 후, 자신을 팔아넘긴 형들에 대한 원망에 한동안 처지를 비관하며 힘든 시간을 보냈다. 그러면서도 종으로 팔린 이유의 일부는 자신도 제공했다고 생각하며, 현실을 그대로 받아들였다.

보디발의 집에서도 주인의 눈치를 보며, 대충 일하고, 기회를 엿보았다가 아버지 집으로 도망쳐 나올 수도 있었겠지만, 진정을 찾는 가운데 당시의 처지를 받아들였다.

보디발의 집에서 최선을 다해서 일한 결과가 감옥행으로 결정되자 요셉은 어떤 생각을 했을까. 감옥에서 억울한 사연을 늘어놓고 불평하며 보디발 집안의 허물을 누설했다면, 감옥의 책임을 맡기는커녕 하루아침에 감쪽같이 죽고 말았을 것이다.

운명의 원리를 이해한 요셉은 지혜롭게 처신하며 마음을 다독거렸다. 자신이 할 수 없다고 생각한 일은 하늘에 맡기고, 자신이 할 수 있는 일은 최선을 다하며 억울함을 달랬다. 요셉은 형들과는 달리 운명의 발판을 딛고 일어섰다. 그 발판 위에서 마음과 신앙의 집을 지었다.

요셉처럼 처한 환경을 불평하지 않고, 그대로 받아들이는 사람은 어려운 운명을 극복할 수 있다. 왕손으로 태어나서 좋은 교육을 받아야만 지혜로운 사람이 되는 것은 아니다. 빈민가에서 유복자의 운명으로 태어나서 아버지의 얼굴을 몰라도 훌륭하게 되는 사람이 많다.

헬렌 켈러는 태어나 심한 열병으로 시각과 청각을 잃어, 맹인과 벙 어리가 되었다. 그녀는 이것을 운명적으로 어떻게 해석했을까. 만약에 헬렌 켈러가 자신을 병으로부터 보호하지 않은 부모만을 원망하고 사회적인 구조만 원망했다면, 오늘날 우리가 존경하는 훌륭한 인물이 못 되었을 것이다. 그녀는 결정된 운명을 받아들이며, 그것을 딛고 일어섰기에 세월이 흐른 오늘날에도 사람들로부터 존경을 받고 있다.

사람에게는 개인이 미리 정할 수 없는 운명이 분명히 있다. 어떤 사람은 전쟁 가운데 태어나기도 하고, 어떤 사람은 불구의 몸으로 태어나기도 한다. 많은 사람들은 이런 것을 받아들이기가 너무도 힘들어 전생의 악업으로 생각한다. 그러면서 할 수 없이 현실을 받아들인다. 분명히 운명은 과학이 발달한 오늘날에도 풀 수 없는 문제이다. 그러나 운명은 극복할 수 있다. 문제는 운명을 어떤 자세를 가지고 받아들이느냐의 문제이다.

운명이 아니라 인격이다

사람들은 힘든 일을 당하면 운명을 탓하며, 새로운 운명을 찾는 경우가 많다. 결혼 생활이 힘들어지면, 결혼의 운이 없었다고 하며 쉽게 이혼하고 재혼을 한다. 자식들이 힘들게 하면, 자식 복이 없다고 하며 무관심으로 자신의 운명을 잊어보려고 한다. 사업에 실패한 사람들은 사업 운이 없다고 하며 새로운 운명을 알아보려고 신통력 있는 예언자를 찾는다.

일반적으로 사람들의 입에 오르내리는 푸념 같은 운명은 존재하지 않는다. 사람들은 그것을 운명이라고 이해하고 해석하지만, 그것은 한 사람의 습관적인 생각과 행동패턴으로 만들어진 인격의 산물이다.

예를 들어, 어떤 사람이 우연한 계기로 살인을 했다가 감옥에 가는 처지가 되었다고 해 보자. 그는 계획을 갖고 살인을 하지 않았고, 싸움 중에 일어난 과실치사라고 항변할 수도 있다. 그러나 결과적으로 그는 살인자임에는 부인할 수 없다.

그가 살인을 하기까지는 과정이 있었다. 그는 평소에 분노를 통제하지 못하고, 늘 화를 낼 때가 많았다. 힘든 일이 닥치면 차분하게 처리하지 않고, 화부터 내기가 일쑤였다. 먼저 화를 내어 경미한 다툼을 일으켰고, 문제 해결도 화를 냄으로써 처리했다. 이런 패턴이 계속 되자 싸움이 잦았고, 화는 더욱 늘어났다. 그러던 어느 날, 일어난 화가 살기를 불러왔고, 급기야는 살인을 하기까지 이르렀다.

결과적으로 살인이 일어난 것은 어느 순간이었다. 그러나 그는 전부터 살인을 할 수밖에 없는 성격과 행동패턴을 갖고 있었다. 그 성격과 행동패턴은 하루아침에 형성된 것이 아니라, 오랜 시간, 여러 과정을 거치면서 형성되었다. 그러므로 그의 투옥은 운명이 아니라 성격이 빚은 결과였다.

요셉의 형들은 오래전부터 아버지를 따르지 않고 미워했다. 어떤 형제가 먼저 아버지를 미워했는지 몰라도 아버지를 미워하는 일에 일치된 마음을 가지고 있었다. 그런 가운데 형제들은 각자마다 다른 비행을 저질렀다. 르우벤은 서모를 간통했고, 시므온과 레위는 세겜 족속을 무참하게 살해하고 노략질했고, 유다는 요셉을 팔자고 다른 형제들을 꼬드겼다.

요셉의 형들이 요셉을 판 일은 우연한 행동이 아니었다. 그들은 오래 전부티 요셉을 미워했다. 그들은 미움을 멈추게 하는 인격을 갖지 못했다. 그들의 미움은 분노로 자랐다. 요셉의 꿈 이야기는 참을 수 없는 모독으로 들렸다. 그들은 요셉에게 꿈꾸는 자라는 별명을 붙이며, 비아냥거리는 것을 즐기면서 보이지 않게 살기(殺氣)를 쌓아갔다. 그런 생각이 쌓일 대로 쌓인 어느 날, 사람이 없는 도단 들판에 나타난 동생을 죽이려고 했다.

요셉의 형들은 불행을 겪을 수밖에 없는 인격으로 자신들을 만들어 갔고, 그 결과 동생을 팔았다. 그리고 요셉의 색동옷에 염소의 피를 묻혀 짐승들에게 찢겨 죽은 것처럼 꾸미고, 아버지에게는 요셉이 죽었다고 했다. 그리고 아버지의 슬픔에 거짓으로 애통해 했다.

요셉을 판 후, 그들은 아버지의 얼굴을 보기가 두려웠다. 유다는 함께 지내던 형제들을 떠나 아둘람 사람 히라라는 친구에게로 갔다. 죄책감이 해결되지 않았던 그들은 함께 할 수 없는 상황에 처했다.

요셉의 형들의 인격은 나이가 들어가면서 점점 더 굳어 갔다. 그들은 일평생을 죄책감으로 살아갈 수밖에 없는 인격으로 고착화 되어 갔다. 어려운 일이 생길 때마다 동생을 판 사건을 뇌리에 떠올리며 힘들어 했고, 서로에게 책임을 전가했다.

인격의 온전한 변화를 경험하지 못한 요셉의 형들은 여전히 죄의 종으로 매여있었다. 그들에게는 오랜 세월에 걸쳐 스스로 만든 인격의 굴레에서 빠져 나올 길이 없었다. 그것을 벗어나기 위해서는 어떤 특단의 조치가 필요했지만, 그들에게는 그럴 힘이 없었다.

성숙하지 못한 사람들은 자신에게 닥쳐온 불행을 남의 탓으로 돌린다. 설사 불행이 남의 탓이라고 하더라도, 자신에게 닥친 불행은 되돌릴 수 없다. 성숙한 인격을 가진 사람은 자신의 불행에 분노로 일관하지 않는다. 피치 못해서 일어난 불행은 자신을 연단시키는 기회로 삼는다. 그리하여 불운한 일을 잘 극복하여 더욱 좋은 인격으로 고양시켜 간다.

요셉은 자신의 불행을 남의 탓으로만 돌리지 않았다. 자신을 이집트에 팔았던 형들을 원망했지만, 오랫동안 원망하지 않았다. 자신을 옥에 가둔 보디발에게도 섭섭한 마음이 있었지만, 계속해서 이만 갈지 않았다.

요셉은 원망하는 것이 자신에게 유익이 되지 않는다는 것을 알았다. 그는 오히려 그를 불행하게 한 사람들의 허물을 용서하고, 사랑으로 승화시켰다. 그리고 자신 앞에 닥친 불운을 또 다른 기회의 발판으로 삼았다.

그런 가운데 요셉은 인격이 성숙해졌고, 시대의 운명을 읽을 수 있는 위대한 비밀을 품게 되었다. 감옥에 들어 온 두 시종장의 꿈을 해석하고, 파라오의 꿈을 해석했을 때, 그는 젊었으나 노인보다 깊은 혜안을 가지고 있었다.

요셉이 어떻게 시대의 운명을 점치며 내일을 예언할 수 있었을까. 파라오 앞에 선 요셉이 꿈의 해석은 하나님께 있다고 했는데, 이 말은 요셉이 그의 겸손을 가장하기 위해서 한 말이 아니다. 그의 해석의 지혜는 분명히 하나님으로부터 온 것이었지만, 그의 인격이 받쳐

주지 않았다면 그는 감히 그런 말은 못했을 것이다.

그런 원리를 노년이 된 요셉의 아버지 야곱도 가지고 있었다. 젊었을 때 야곱의 삶은 남의 발뒤꿈치나 잡고 살았기 때문에 힘들고 고통스러웠다. 라헬을 위하여 7년을 기다렸으나 속고 말았고, 장인의 양을 치면서 자신의 몫은 늘렸으나, 내일을 알지 못했다. 그는 잔꾀에서는 뛰어났으나, 큰 흐름은 알지 못했다. 그의 삶은 소탐대실(小貪大失)을 경험하는 것에 지나지 않았다.

그러나 야곱은 얍복 강에서 깊은 회심으로 인하여 인격의 변화를 느꼈다. 그리고 고향으로 돌아와 하나님을 새롭게 만나면서 인격의 비상(飛上)을 경험했다. 사랑하는 라헬과 아들을 잃은 후에는 고독한 가운데 더욱 인격이 깊어갔다.

인격이 깊어진 노인, 야곱은 죽음을 앞두고 자녀들에 대한 예언을 하였다. 자녀들의 과거를 낱낱이 알고 있는 야곱은 그 과거를 기초로 축복의 기도를 하였다. 야곱은 자녀들의 과거를 정리해 줌으로써 자녀들이 변화할 기회를 주려고 하였다.

야곱은 그들의 성품이 쉽게 변하지 않을 것이며, 회개하지 않는 한 예전의 버릇대로 살 수밖에 없다는 것을 알았다. 그래서 야곱의 예언은 철저히 그들이 과거에 저지른 일과 관계되어 있는 책망과 교훈의 예언이었다.

큰아들 르우벤에게는 으뜸이 되지 못할 것이라고 말했다. 그 이유는 아버지의 첩을 통간했기 때문이었다. 둘째, 셋째 아들인 시므온과 레위에게는 그들이 휘두르는 칼은 폭력의 도구라고 말하며, 세겜 족속을 죽인 사건을 되새겨 보게 했다. 그들의 분노는 저주를 받을 것이고, 이스라엘 땅과 사람들에게서 버림을 받을 것이라는 예언을 했다.

유다의 경우에는 불행했던 두 아들과 아내의 죽음, 며느리와의 불행한 성관계를 통한 후손의 출생에도 불구하고, 축복의 말로 예언했다. 유다는 과거의 잘못을 회개하고 무절제한 성품을 고쳐서 일어섰기 때문이었다. 야곱은 유다의 말과 행동 그 자체를 보고 축복한 것이 아니라 그의 자세를 보고 축복했다.

유다와 요셉을 제외한 다른 자녀들의 축복은 한두 마디로 축약되어 있다. 그 말도 상징적이어서 정확한 해석을 하기가 힘들다. 하지만 그 모든 말들은 그들의 과거와 연관되어 있었다.

평생을 하늘을 바라보고, 조상들이 돌아간 곳을 따라간 노종의 지혜는 매우 깊은 것이어서, 그의 자녀들은 아버지의 말을 오랫동안 되새겼다. 비록 아버지의 말이 저주에 가까운 말이었지만, 말의 교훈이 무엇인지를 알았다. 야곱의 자녀들은 자신들의 잘못된 인격을 고쳐야만 했다. 그래야 아버지가 말한 저주의 운명의 굴레에서 벗어날 수 있었다.

야곱이 아들들의 장래를 본 것처럼, 요셉도 자신과 민족의 미래를 바라보았다. 요셉은 히브리 민족이 자신의 유골을 가지고 이집트를 떠나게 될 것이라고 하며 자손들을 맹세시켜서 그 일의 확고함을 굳혔다.

야곱과 요셉의 예언 원리는 이스라엘의 참 선지자들에게서도 찾아볼 수 있다. 나라의 불운을 받아들이고, 이해했던 참 선지자들은 타락한 왕들의 생각과는 달랐다. 참 선지자들은 이스라엘의 불행은 원인을 신의 저주가 아니라, 우상을 숭배하며, 허황된 내일을 꿈꾸고 있는 왕과 지도자들이 맺은 열매라고 외쳤다.

타락한 왕들은 참 선지자들이 했던 바른 예언을 기분 나쁘게 여기고, 축복의 예언을 하라고 했다. 그러나 참 선지자들은 감옥을 택하면 택했지 거짓된 예언을 할 수 없었다.

참 선지자들은 타락한 왕들과 자신들의 바른 양심 사이에서 평생을 울었고, 홀로 고독하게 살았다. 그들의 고독과 신음은 더 큰 예언으로 나타났지만, 배만 불리려는 사람들에게는 비웃음거리에 지나지 않았다.

콩 심은 데 콩 나고, 팥 심은 데 팥 난다

우리도 요셉과 같은 영성을 가지고 내일의 운명을 내다볼 수는 없을까.

사도행전에 보면 아가보라는 예언자가 등장한다(행 11:28). 그도 요셉처럼 예루살렘에 흉년이 들 것을 예언했는데, 그 말은 그대로 적중했다. 그때 어려워진 예루살렘교회는 지방의 교회들이 헌금하여 기근을 이길 수 있었다.

사도행전에는 아가보뿐만 아니라 거짓 예언자에 대한 언급도 있다. 이로 보아 당시에는 예언 사역을 하는 사람들이 많았던 것으로 보인다.

예루살렘 교회에 일곱 집사 중의 한 사람인 빌립에 대한 이야기는 그것을 더욱 뒷받침한다. 빌립에게는 딸이 넷 있었는데, 처녀로 예언하는 자들이었다(행 21:9). 빌립의 딸들이 구체적으로 어떤 일을 했다는 이야기는 없다. 그러나 당시에 일반인들도 예언이라는 영적인 은사를 활용했다는 것을 알 수 있다.

당시에는 감언이설로 사람들을 현혹하는 거짓 예언자가 많았다. 그 시대의 사람들은 교육 수준이 낮았고, 먹고 사는 일에 급한 나머지 거짓 예언자들이 말하는 달콤한 유혹에 넘어가는 사람들이 많았다.

거짓 예언자들의 잘못된 예언을 바로잡는 일을 그리스도인 예언자들이 감당하였다. 그리스도인 예언자들의 예언 사역은 계시를 받는 사역은 아니었다. 그들은 영혼이 맑은 사람으로서 일의 선후(先後)와 흐름을 읽는 것으로 예언을 하였다. 내일은 오늘의 현상이 무르익어서 된다는 것을 정직하게 이야기하였다. 그들 중에는 시대의 고통을 통감하는 가운데, 깊은 영성을 체험하며, 신비한 예언까지도 말하는 사람들도 있었다.

오늘날에도 내일의 운명을 예언하는 사람들이 많이 있다. 과거처럼 감언이설로 사람들을 현혹시키는 예언자들이 여전히 존재한다. 그들의 표적은 욕심에 이끌리어 새로운 것만 좋아하는 자들이다. 거짓 예언자들은 양심을 버리고 허황된 것을 좇는 자들을 결코 손아귀에서 놓아주지 않는다.

어리석은 사람들은 예언 같지도 않은 거짓 예언자들의 거짓말에 속아서 힘들어 한다. 어리석은 사람들은 콩을 심어도 팥이 날 수 있다는 말을 듣고, 기다리는 미련한 사람들이다. 미혹에 이끌린 사람에게는 콩을 심어도 팥이 날 것이라는 거짓말이 마치 신비한 예언처럼 들린다.

오늘날 자본주의 경제체제 속에서는 더욱 많은 사람들이 거짓 예언 시스템에 속고 있다. 투자보다는 배팅이 인기가 높다. 경마나 사행성 도박에 재산을 날린 사람들이 부지기수다. 그런 비극을 뻔히 보고도 불나비처럼, 그곳으로 달려가는 사람들은 거짓 예언에 속은 자들이다. 여기에 종교적인 예언까지도 한 몫하고 있으니 참으로 안타까운 일이 아닐 수 없다.

아무리 열심히 기도해도 뿌리지 않고는 거둘 수 없다. 시험공부를 하지 않은 학생이 시험지를 앞에 놓고 아무리 기도해도 하나님은 정답을 가르쳐 주시지 않는다. 시험을 치르는 당장의 운명은 하나님도 어떻게 하실 수 없다. 하나님이 정답을 가르쳐 줄 수 없는 무능한 분이어서가 아니라, 그런 방식으로 사람을 축복하시지는 않기 때문이다.

많은 사람들이 농사를 그만두고 도시에 몰려와서, 적게 심어놓고 많이 거두려고 혈안이 되었다. 심지어는 심지도 않고 거두려고 하거나 엉뚱하게 심고 바로 거두려고도 한다. 그러다보니 콩 심은 데 콩 나고, 팥 심은 데 팥 난다는 이야기는 이제 어리석은 이야기처럼 들린다.

그렇지만 여전히 우리는 심은 대로 거두는 기초적인 예언의 법칙을 기억하고 있어야 한다. 그래야 내일을 위해 오늘을 열심히 살 수 있다.

좋은 운명을 부르는 말

어떤 사람이라도 완벽한 삶을 살 수는 없다. 성경에서 요셉의 구체적인 허물이 나오지는 않지만, 요셉도 완전한 사람은 아니었다. 그도 실수를 했으며 후회한 일도 있었다. 그러나 그런 것이 기록되지 않았던 것은, 요셉이 자신의 미숙함을 잘 처리하여 커질 수 있었던 문제를 사전에 막았기 때문이다.

반면에 요셉의 형들은 작은 실수를 해결하지 못했다. 그러자 그 실수는 눈덩이처럼 불어 자신들의 양심을 짓눌렀다. 그들은 그것을 벗어보려고 또 다른 거짓을 꾸몄다. 그러자 또 다른 짓눌림으로 신음했고, 온 가족들까지 힘들게 만들었다. 그런 가운데 그들의 마음은 완악한 성격으로 고착화 되었고, 그것이 운명이 되었다.

요셉의 형들은 무엇보다 운명에 대한 바른 지식이 없었다. 그들은 자신의 운명을 바꾸는 것이 오직 열심히 사는 것이라고 생각했다. 그러나 열심히 살수록 힘들었다.

운명의 그물에 잡힌 사람이 그곳을 빠져 나오려고 할 때 몸부림을 칠수록 힘들다. 우선 그물의 구조를 살펴보고, 힘들지만 자신을 묶고 있는 실오라기들을 하나씩 풀어야 한다.

누구도 피할 수 없는 운명의 굴레가 있다면 그것을 인정하고 그 토대 위에서 순종해야 한다. 요셉의 형들은 주어진 운명의 토대를 무시했지만, 요셉은 종의 몸으로도, 감옥에 매인 몸으로도 현실을 부인하지 않고 최선을 다했다. 마치 진흙에 심겨진 연이 진흙 속에서 뿌리를 내려 연분홍의 화사한 연꽃을 피우듯이, 요셉은 진흙과 같은 운명 속에서 꽃을 피웠다.

오늘의 현실을 인정하지 않는 한, 내일을 위한 씨앗을 뿌릴 수 없다. 내일을 위한 씨앗을 뿌리지 못한다면, 그 원인은 외부에 있는 것이 아니라, 내부의 잘못된 인식에 있다. 오늘 심지 않아도 내일은 많이 거둘 수 있다는 속임수에서 벗어나야 한다. 성경은 그것을 회개라고 한다. 그것이 좋은 운명의 첫걸음이다.

세례 요한이 이 땅에 와서 처음 외친 이야기는 회개하라는 메시지였다. 잘못된 운명을 고치기 위해서는 회개하는 일 외에는 없다. 그리스도는 인류의 잘못된 운명의 죄값을 치르기 위해서 자신의 몸을 내어주셨다. 그리고 사람들에게 행복을 부르는 말을 가르쳤다.

"회개하라 천국이 가까왔느니라."

요셉도 이스라엘 민족의 새로운 운명의 머릿돌을 놓으려 했다. 그도 좋은 운명을 부르는 말이 무엇인지 알았다. 회개 외에는 좋은 운명을 부를 수 없다는 것을 안 요셉은 형들을 사랑하고 용서하기 위해 일부러 형들을 시험하기도 하고, 아픔을 주기도 했다. 그러면서 자신도 아픔 가운데 기다렸다. 요셉의 마음을 이해한 형들은 회개함으로 한 가족이 되려고 했다. 아버지 야곱이 죽자, 요셉의 형들은 요셉을 찾아와 다시 한 번 자신들의 잘못을 인정하며 머리를 조아렸다.

"우리가 지은 죄를 용서하여 주시기 바랍니다."(창 50:17).

요셉의 형들의 회개는 아직 완전한 것은 아니었지만, 요셉은 형들의 마음을 받아들였다. 용서의 사람은 눈물을 흘리며 그들에게 말했다.

"형님들은 두려워하지 마십시오. 내가 형님들을 모시고, 형님들의 자식들을 돌보겠습니다."(창 50:21).

지난날의 허물에 대한 고백의 눈물은 서로를 하나가 되게 했다. 운명을 바꾸기 위해 말로 고백한 요셉의 형들은 요셉의 믿음 위에서 하나가 되었다. 이제 그들은 이국땅에서 하나의 운명 공동체로 새롭게 태어났다.

13. 미라(mummy) 속에 감추어진 코드

> 요셉이 그의 형제들에게 이르되 나는 죽을 것이나 하나님이 당신들을 돌보시고 당신들을 이 땅에서 인도하여 내가 아브라함과 이삭과 야곱에게 맹세하신 땅에 이르게 하시리라 하고 요셉이 또 이스라엘 자손에게 맹세시켜 이르기를 하나님이 반드시 당신들을 돌보시리니 당신들은 여기서 내 해골을 메고 올라가겠다 하라 하였더라(창 50:24-25).

아버지는 죽지만

요셉의 초청으로 이집트에 온 야곱은 이집트에서 17년을 살았다.

야곱은 죽기 전에, 요셉을 불러서 자신의 매장지에 대해서 유언하며 맹세까지 시켰다. 그리고 자녀들 한 사람 한 사람에게 축복하면서 최후의 교훈을 남겼다.

야곱이 죽자, 시의들은 시신이 썩지 않도록 야곱의 시신에 방부제인 향재료를 넣었다. 의술이 발달한 이집트에서는 귀족이 죽었을 때, 시신을 미라로 만들었는데, 꼬박 40일이 걸렸다. 그리고 이집트 사람들은 야곱의 죽음을 애도하며, 70일을 곡하였다.

요셉은 아버지께 맹세한 유언을 받들기 위해, 파라오에게 가나안의 막벨라 굴에 아버지를 장사할 수 있게 해 달라고 청했다. 야곱의 유언은 이집트인들의 장례 관습과는 다른 것이어서 파라오의 양해를 구해야 했다.

파라오의 허락을 받은 요셉은 아버지를 장사하려고, 가나안으로 올라갔다. 파라오의 모든 신하들과, 궁중 자문 위원들과, 이집트의 모든 고위 관리들이 요셉과 함께 올라갔다. 그리고 요셉의 가족들과, 그의 형제들과, 모든 친척들도 함께 올라갔고, 고센 땅에는 어린 아이들과 양 떼와 소 떼만 남았다. 전차와 마병들까지 동원된 장례 행렬은 장사진을 이루었다.

그들은 요단 강 건너편 아닷 타작마당에 이르러 크게 애통하며 호곡하였다. 요셉은 거기서 7일 동안 애곡하였다. 그 지방에 사는 가나안 사람들은 아닷 타작마당에서 들려오는 소리를 듣고, "이집트 사람들이 크게 애곡하고 있구나." 하면서, 그곳 이름을 아벨 미스라임(Abel Mizraim)이라고 하였다.

요셉의 행렬이 막벨라 굴에 이르렀다. 요셉과 그의 형제들은 아버지의 유언에 따라 아브라함과 사라, 이삭과 리브가 그리고 레아가 묻혀 있는 막벨라 굴에 아버지를 장사했다. 그 후 요셉은 형제들과 호상꾼들과 함께 이집트로 돌아왔다.

이처럼 성경은 야곱의 죽음에 대하여 아주 자세하게 기록하고 있다. 그러나 대조적으로 아브라함과 이삭의 죽음에 대해서는 간단하게 기록되어 있다.

> 아브라함이 누린 햇수는 모두 백일흔다섯 해이다.
> 아브라함은 자기가 받은 목숨대로 다 살고, 아주 늙은 나이에 기운이 다 하여서, 숨을 거두고 세상을 떠나, 조상들이 간 길로 갔다(창 25:7-8).
> 그의 아들 이삭과 이스마엘이 그를 막벨라 굴에 안장하였다. 그 굴은 마므레 근처, 헷 사람 소할의 아들 에브론의 밭에 있다. 그 밭은, 아브라함

이 헷 사람에게서 산 것이다. 바로 그 곳에서 아브라함은 그의 아내 사라와 합장되었다(창 25:7-10).

이삭의 죽음은 두 절로 기록하고 지나친다.

이삭의 나이는 백여든 살이었다.
이삭은 늙고, 나이가 들어서, 목숨이 다하자, 죽어서 조상들 곁으로 갔다. 아들 에서와 야곱이 그를 안장하였다(창 35:28-29).

그렇다면 아브라함과 이삭의 죽음과는 달리 야곱의 죽음은 왜 아주 상세하게 기록했을까. 이집트의 장례 관습을 언급하려고 했을까. 아니면 요셉의 지위에 걸맞게 장례를 했다는 이야기를 하려고 했을까. 그런 것도 다 포함되지만 성경의 초점은 그것이 아니다.

요셉이 이집트에 팔려가면서 야곱의 행적은 요셉 쪽으로 넘어간다. 요셉의 행적의 마지막 부분은 야곱과 겹쳐져 있다. 그러므로 야곱의 죽음에 대한 자세한 기록은 야곱에 대한 기록일 뿐 아니라, 요셉에 대한 간접적인 기록이기도 하다. 또한 요셉과 그의 자손에 대한 메시지이며, 민족의 장래에 대한 예언적인 메시지이기도 하다.

특히 '요셉이 아비를 장사한 후에 자기 형제와 호상꾼과 함께 이집트로 돌아왔다' 는 기록은 마치 요셉이 언젠가는 다시 가나안으로 갈 것이라는 여운을 준다. 그리고 앞으로 요셉의 역할이 무엇인지 생각해 보도록 하는 구절로도 느껴진다.

그 후 400년

야곱의 죽음 이후, 요셉에 대한 기록은 자세히 나오지 않는다. 단지, 요셉이 후손들을 기르며 살았고, 죽기 전에 유언을 했다는 짧은 내용만 기록되어 있을 뿐이다. 더구나 요셉이 죽은 후의 기록은 아예 없기 때문에, 후손들의 삶이 어떠했는지는 알 수가 없다.

무려 400년이라는 세월이 지나서야 후손들의 근황을 알 수 있다. 출애굽기 1장은 그들의 근황을 말해주는데, 70명에서 시작한 야곱의 자손은 번성하여 세력이 커졌다.

> 이미 이집트에 내려가 있는 요셉까지 합하여 야곱의 혈통에서 태어난 사람은 모두 일흔 명이다. 세월이 지나서, 요셉과 그의 모든 형제와 그 시대 사람들은 다 죽었다. 그러나 이스라엘 자손은 자녀를 많이 낳고, 번성하여 그 수가 불어나고 세력도 커졌으며, 마침내 그 땅에 가득 퍼졌다(출 1:5-7).

이스라엘 자손의 번성은 이집트 왕의 말을 통해서도 확인된다.

"이 백성, 곧 이스라엘 자손이 우리보다 수도 많고, 힘도 강하다." (출 1:9).

번성하고 세력이 커진 이스라엘 백성은 이집트에 위협이 되었다. 이집트 왕은 혹시 전쟁이 일어나면 이스라엘 백성이 대적과 연합하여 싸우고, 이집트 땅을 떠날까봐 두려웠다. 이 점으로 보아 이스라엘 백성은 이집트의 경제와 생활에 많은 기여를 하고 있었던 것으로 보인다. 이스라엘 백성은 본래 유목민이었지만, 약속을 받은 민족이어서 일반 유목민과는 달랐다. 이스라엘 백성은 어떤 것이라도 할 수 있는 지혜를 가지고 있어서 이집트의 요긴한 일을 하고 있었던 것 같다.

이집트 왕은 이집트에 위협이 되는 이스라엘 백성을 억압하기 위해서 힘들고, 괴로운 강제 노역을 시켰다.

이스라엘 백성은 파라오가 곡식을 저장하는 성읍, 곧 비돔과 라암셋을 건설하는 일에 끌려 나갔다. 그러나 이스라엘 백성은 억압을 받을수록 수가 늘어나고 번성하였다. 이에 놀란 이집트 왕은 이스라엘 백성을 더욱 혹독하게 다스렸다. 흙을 이겨 벽돌을 만드는 일이나 밭일과 같은 온갖 고된 일로 이스라엘 백성을 괴롭게 하였다.

한편 이집트 왕은, 산파 십브라와 부아라는 사람에게 일러서 이스라엘 여자가 아이를 낳을 때에, 여자 아이를 낳으면 살려두고, 남자 아이를 낳으면 죽이라고 했다.

그러나 하나님을 두려워한 산파들은 이집트 왕이 명령한 대로 하지 않고, 남자 아이들을 살려 두었다. 그러자 왕은 산파들을 불러서 꾸짖었다. 산파들이 왕에게 변명하여 말하기를 "이스라엘 여인들은 이집트 여인들과는 달리 건강하여 가기도 전에 해산합니다." 라고 했다. 산파들은 위기를 모면하려고 말을 둘러대었지만, 이집트 왕도 객관적으로는 이스라엘 여인들의 건강함을 알고 있었다고 생각해 볼 수 있다.

여인들이 건강했다는 것은 온 이스라엘 백성이 건강했음을 짐작케 한다. 이스라엘 백성의 육체적 건강은 정신적인 건강함의 열매였으므로 이집트에 위협이 되지 않을 수 없었다. 마침내, 이집트 왕은 모든 백성에게 명령을 내렸다. "갓 태어난 이스라엘 남자 아이는 모두 강물에 던지고, 여자 아이들만 살려 두어라."

이처럼 이스라엘 백성의 번성은 대단하였다. 이들의 번성은 단순히 숫자적인 번성만을 의미하지 않는다. 정신적, 영적인 번성도 의미한다.

이스라엘 백성이 영적으로 번성했다는 것을 확인할 수 있는 말씀이 있다. 모세가 이스라엘 백성을 이집트에서 인도하여 내기 전에 하나님이 모세에게 하신 말씀이다.

"이스라엘 백성에게 가서 장로들을 모으고 조상의 하나님이 백성을 인도하여 가나안에 이르게 할 것이라고 말하면 그들은 들을 것이다."

이스라엘의 장로들이 모세의 말을 식별할 정도의 식견을 가지고 있었다고 볼 수 있는 구절이다.

이스라엘 백성에게 도대체 400년 동안 어떤 일이 있었기에 수적으로 뿐만 아니라 영적으로도 강한 민족이 되었을까. 하나님이 아브라함을 통해서 약속을 하신 일이기 때문이라고 볼 수 있다. 그러나 그것은 저절로 이루어지는 일은 아니다. 하나님의 약속은 사람의 믿음과 지혜를 통해서 이루어진다.

창세기와 출애굽기 사이의 시간적 간격은 매우 길다. 두 책 모두 모세의 기록인데, 400년이라는 긴 세월의 간격이 있는 이유는 무엇일까. 400년 동안 이스라엘 백성에게 역사적으로 특이한 사건이 없었기 때문에, 기록을 생략했을 가능성이 많다. 특이한 사건이 없었다는 것은 창세기의 분위기가 계속해서 이어졌다는 말이다.

400년 안에 특별한 사건이나 어렵고 힘든 일이 생겼으면, 어려움을 극복하기 위해 훌륭한 지도자가 나타났을 것이다. 그리고 그런 이야기가 전해 내려와서 기록으로 남겨졌을 것이다. 그러나 400년 동안의 기록은 어디를 찾아보아도 없다.

그렇다면 400년 동안 이스라엘에는 이전의 지도력이 계속해서 영향을 끼치고 있었다고 볼 수 있다. 과연 그 지도력은 누구의 지도력이었을까. 창세기에서 이스라엘 백성의 기초를 놓았던 사람이 누구였는가를 생각해 볼 필요가 있다. 창세기의 마지막에 야곱의 죽음 이후에 나오는 요셉에 대한 짧은 이야기가 이제 조금 풀리는 것 같다. 다시 요셉의 이야기로 돌아가자.

장자권을 물려받은 요셉

요셉은 아브라함부터 시작된 하나님의 약속을 이어받은 약속의 계승자였다. 아브라함은 이삭에게, 이삭은 야곱에게 장자권을 물려주었다. 그러나 성경에는 야곱이 장자권을 물려준 일체의 이야기는 나오지 않는다. 그렇지만 여러 정황으로 보아 야곱의 장자권은 요셉에게 갔고, 요셉은 실제적인 장자의 역할을 했다고 볼 수 있다.

요셉에게는 어떻게 장자권이 갔을까.

아브라함은 이삭을 장자로 세우기 위하여 하갈의 몸에서 난 이스마엘을 집에서 내쫓았다. 그렇지만 아브라함이 죽었을 때, 이삭과 이스마엘이 함께 장례를 치른(창 25:9) 것으로 보아 아브라함은 이스마엘과 완전히 부자지간의 정을 끊지는 않았던 것 같다. 마치, 왕이 왕위를 될성부를 아들에게 물려주지만, 다른 아들도 같은 마음으로 사랑하는 것과 같았다.

사라가 죽은 후에, 아브라함은 후처를 두어 후처의 몸에서 난 자식들도 먼 지방으로 보냈다. 이것도 이삭의 장자권에 방해를 받지 않도록 하기 위한 조치였다.

이삭은 에서에게 장자권을 물려주려고 했으나, 장자권은 야곱이 차지했다.

그러나 야곱은 장자권을 두고 쌍둥이 형 에서와 싸운 일이 있어서인지, 장자권을 물려주는 데 신중했다. 그는 장자권을 주려고 사냥을 해 오라고도 하지 않았고, 수여식도 치르지 않았다. 그는 죽음을 앞두고, 요셉에게 자신의 시신을 가나안에 묻어줄 것을 부탁하기 전에 이렇게 말했다.

"이제 내가 네게 은혜를 입었거든 청하노니 네 손을 내 허벅지 아래 넣고 인애와 성실함으로…"(창 47:29, 개역개정).

이 구절의 흠정역(King James Version)에는 "내가 너의 눈 속에서 은혜를 발견했다"고 번역되어 있다. 이 본문으로 보아 야곱은 자신의 장자권이 하나님의 섭리에 의하여 요셉에게 간 것을 시인하고 있었다는 것을 알 수 있다(참조, 대상 5:1-2).

야곱이 죽기 전에 요셉에게 한 축복에서도 요셉이 장자의 역할을 할 것이라는 것을 엿볼 수 있다.

요셉은 들망아지, 샘 곁에 있는 들망아지, 언덕 위에 있는 들나귀다.
사수들이 잔인하게 활을 쏘며 달려들어도, 사수들이 적개심을 품고서 그를 과녁으로 삼아도, 요셉의 활은 그보다 튼튼하고, 그의 팔에는 힘이 넘친다. 야곱이 섬기는 전능하신 분의 능력이 그와 함께 하시고, 목자이신 이스라엘의 반석께서 그와 함께 계시고, 너의 조상의 하나님이 너를 도우시고, 전능하신 분께서 너에게 복을 베푸시기 때문이다.

너의 아버지가 받은 복은 태고적 산맥이 받은 복보다 더 크며, 영원한 언덕이 받은 풍성함보다도 더 크다. 이 모든 복이 요셉에게로 돌아가며, 형제들 가운데서 으뜸이 된 사람에게 돌아갈 것이다(창 49:22-26).

야곱은 요셉으로부터 이스라엘의 반석인 목자가 나타날 것이라고 축복했다. 그런데 유다에게는 왕의 지팡이가 유다를 떠나지 않을 것 (창 49:10)이라고 축복했다. 두 축복의 차이가 얼마나 나는지 단어 자체로는 비교하기가 힘들다.

우리는 이후의 이스라엘의 역사에서, 유다 지파에서 왕이 나온 사실만으로 결과론적인 해석을 하기 때문에 유다를 앞세우지만, 야곱이 축복하는 단어만을 비교해보면 얼른 구별이 가지 않는다. 어쩌면 요셉의 역할은 왕이 오는 길을 지혜로 예비한 일이 아닌가 생각해 볼 수 있다.

야곱은 죽음을 앞두고 아브라함이 사라를 막벨라 굴에 장사한 것처럼, 자신도 레아를 조상의 묘지인 막벨라 굴에 묻었다고 했다.(창 49:31) 이는 자신이 평생에 라헬을 사모했지만, 천생배필은 레아라고 우회적으로 표현한 말이다. 그런 면에서 야곱은 라헬의 몸에서 난 요셉은 영적인 후계자로 생각했고, 레아의 몸에서 난 아들 중에 유다를 육신의 후계자로 세우려고 했을 것이다.

맏아들 르우벤부터 시므온, 레위는 아버지께 불순종하여 흠이 있었기에 후계자로 세우지 않았고, 비록 흠은 있었지만 회개한 넷째 아들 유다를 혈통의 후계자로 택했다. 요셉이 이런 사실을 다 알고 있었는지는 모르지만 늘 진리에 순응하는 그에게, 불평할 일은 아니었으리라.

야곱이 죽자, 요셉의 형들은 요셉에게 가서 자신들의 잘못을 다시 한 번 뉘우치며 머리를 조아렸다. 그리고 요셉 앞에 엎드려 요셉의 종이라고 했다. 형들의 그런 태도는 요셉이 자신들의 영적인, 정신적인 장자임을 시인한 이야기라고 할 수 있다.

야곱 이후에 요셉의 형제들은 요셉의 영적인 권위와 지혜에 순복하면서 믿음의 한 가족이 되어갔다. 형제 중에 탁월하고 훌륭한 인물이 있으면 그 가문이 달라지는 것처럼, 야곱의 열두 아들은 요셉의 영적인 권위 아래서 아버지가 얍복 강에서 경험한 영적인 체험을 했다.

하여간, 요셉의 형제들은 요셉을 따르며 이집트 땅에서 그들만의 방법으로 살 길을 개척했다. 그 땅은 타향이라서 유다에게는 히라 같은 친구도 없었고, 주변의 눈도 의식할 필요가 없었다. 마치 아브라함이 믿음으로 고향을 떠나온 것처럼, 야곱의 아들들은 고센 땅에서 새로운 출발을 했다.

민족의 기반을 다진 장자

요셉의 장자권의 위력은 후대에서도 그 흔적을 찾아 볼 수 있다.

약한 민족 같으면 400년이라는 긴 시간을 보내는 동안 이스라엘 백성은 흔적도 없이 사라지고 말았을 것이다. 그러나 70명의 가족은 400년 만에 강성한 민족이 되었다. 이스라엘 백성은 박해를 받으면서도 멸망하지도 않았고, 대국 이집트에 흡수되지도 않았다. 그들은 강풍이 와도 쓰러지지 않는 큰 나무와 같이 강성한 민족으로 뿌리를 내렸다.

그들은 그들만의 고유한 민족성을 유지했던 것으로 보인다. 조상들의 정신과 유산은 대대로 계승되었다. 무엇보다도 이집트의 다신교적인 문화에서 유일신의 영적인 체계를 유지하며, 여호와 하나님에 대한 믿음을 버리지 않았다.

이로 볼 때, 이스라엘 백성은 나름대로 확고한 종교문화를 가지고 있었다고 짐작해 볼 수 있다. 그들이 유일신 사상이 강조된 모세의 율법을 이해할 만큼 영적인 수준이 있었다는 것이 그것을 증명한다. 이스라엘 백성이 이스라엘의 기초를 놓았던 요셉의 믿음과 지혜를 계속해서 이어왔기 때문이라고 생각해 볼 수 있다.

아브라함의 신앙이 이삭과 야곱을 거쳐 요셉에 와서는, 어떤 체계를 이루었을 것이다. 요셉은 조직력을 가진 사람이었다. 그는 젊은 나이에 실력을 인정받아 총리가 되어, 큰 나라의 살림을 맡았으니, 그런 능력이 충분했다. 보디발의 집에서 종살이 할 때에 이미 조직적인 능력을 인정 받아 가정 총무로 기용되었던 사실을 볼 때, 요셉에게는 조직을 장악하여 시스템을 새롭게 하는 은사가 있었던 것이 분명하다.

요셉은 이집트의 총리로 일을 할 때, 이집트의 집대성된 종교체계며 행정원리들을 경험했다. 요셉은 어떤 면에서 체계가 불편한 점이 있다는 것을 알았지만, 꼭 필요하다는 것도 알았다.

요셉은 민족을 위한 특별한 시스템을 가지고 후손들을 가르쳤다. 요셉의 가르침을 받은 후손들은 대대로 그 지혜가 이어져갔다. 후손들은 그 지혜로 타국에서 겪는 불이익을 극복하여 강성한 민족으로 번성할 수 있었다.

출애굽기에서는 이스라엘 백성을 핍박하는 왕을 '요셉을 알지 못하는 왕'이라고 했다. 요셉의 명성은 이집트 사람들 가운데서도 400년이나 지속되었다. 그렇다면 자기 백성들인 이스라엘 민족에게는 얼마나 영향력이 더 컸을까.

땅에 대한 소망

요셉은 자신의 후손들이 신앙을 유지하는 한 가나안 땅을 그리워할 것이라는 것을 알았다. 땅에 대한 요셉의 이해는 단순히 농사짓고 목축하며 살아가는 것을 넘어 하나님의 약속과 관계된 것이었다.

특히 가나안 땅은 아브라함으로부터 물려받은 약속의 땅이며, 이삭과 야곱이 세상을 이길 힘을 얻은 것을 알고 있었다. 그래서 요셉에게 가나안 땅은 중요한 것이었고, 그의 후손들에게도 전해야 할 깊은 비밀이었다.

요셉은 정계에서 은퇴하여 고센에 와서 약속의 땅인 가나안을 바라보며 삶을 정리하였다. 그의 후손들에게 약속의 땅 가나안에 대해 말해 주며 꿈을 심어주었다. 후손에 대한 요셉의 애착은 대단했다. 그는 노년에 에브라임 자손 삼대를 보았고, 므낫세의 손자까지도 길렀다. 그의 애착은 단순히 혈육적인 애착만이 아니었고 지적, 영적인 교육을 위한 애착이었다. 그 애착은 앞으로 번성할 이스라엘 백성이 약속을 성취할 수 있는 초석이 되었다.

요셉은 죽음을 앞두고, 아버지 야곱처럼 후손들에게 유언을 했다.

요셉의 유언도 야곱의 유언처럼 의미가 있는 유언이었다. 요셉은 후손들이 언젠가는 자신의 유골을 메고 고향인 가나안 땅으로 갈 것이라고 하였다. 이는 야곱이 자신을 가나안 땅에 매장해 달라고 한 유언에 비하여 한 차원 높고, 복합적인 의미가 담긴 유언이었다. 야곱의 유언은 요셉이 가나안 막벨라 굴에 야곱의 시신을 묻음으로 이루어졌으며 하나의 표적을 만들었다.

그러나 요셉의 유언은 언제 완성될지 모르는 유언이었다. 그것은 유언의 차원을 넘어 맹세로 되어 있어서 실제로 지켜지지 않을 수도 있는 의심과 긴장감이 도는 위험한 말이었다. 그러나 거기에 요셉의 감추어진 지혜가 있었다.

요셉은 이집트 땅에서 살았지만, 그 땅은 자신이 돌아갈 땅이 아니라는 것을 알았기에 아버지 야곱처럼 막벨라 굴에 묻히고 싶었다. 약속을 바라보는 장자로서 조상들과 함께 그 땅에 묻히고 싶은 것은 당연했다. 그러나 자신이 원하는 대로 장례를 행해 달라고 고집할 수도 없었다. 요셉은 자신의 장례 문제에서도 지혜가 필요했다.

요셉이 아버지처럼 가나안에 묻어달라고 했다면, 이스라엘 백성이 이집트 왕실에 오해를 받을 수도 있었다. 그래서 요셉은 이집트의 복잡한 장례법을 이용했다. 자신이 미라로 만들어지는 사실을 통하여 후손들에게 오히려 깊은 메시지를 줄 수 있다고 생각했다. 그것은 일종의 영감이었고, 후손들에게는 숨겨진 예언 같았다.

요셉도 죽어서 시신이 방부처리 되어 미라로 만들어졌다. 그리고 어느 피라미드로 갔을 것이다. 요셉의 명성이 오랫동안 지속된 것으로 보아서 요셉의 시신은 이집트의 고위관료의 시신들과 함께 보관되었을 가능성이 있다. 아니면 이스라엘 백성이 만든 작은 피라미드 같은 곳에 썩지 않도록 보관되어 있었을 것이다.

하여간, 요셉은 이집트의 장례 문화를 잘 활용하여 후손들을 위한 신앙교육까지 생각했다. 이집트의 어떤 술사나 학자들도 모르던 7년 흉년과 7년 풍년을 정확히 예언하여 그것을 정책으로 옮긴 요셉이 자신의 죽음을 통해 민족의 앞날을 내다본 것은 당연한 일이다.

무덤을 부활의 요람으로

요셉과 그 시대 사람들은 모두 죽었다. 히브리 백성들이 받았던 신앙은 그들을 강인하게 했고, 시간이 흘러가면서 번성해 갔다. 400년이 흐르면서 그들의 세력은 점점 강해져 갔다. 결국 그 강성함에 불안을 느낀 이집트 왕은 이스라엘 백성을 핍박하기 시작했다.

이스라엘 백성은 많은 부역으로 육체적 고통을 받았다. 그들은 이집트의 국고성 비돔과 라암셋을 건설하는 데 동원되었고 많은 사람들이 희생되었다. 그뿐 아니라 터무니없는 세금으로 백성들은 허리가 휘었다.

그 고통은 타향에서 땅도 없이 지내던 자신들의 정체성을 깨닫는 계기가 되었다. 정신력과 신앙으로 강해지는 것만이 살아남는 길이었다. 그런 가운데 그들은 그들의 자부심인 아브라함의 약속을 위로로 삼았다. 그리고 요셉의 유골을 메고 가나안으로 돌아갈 것이라는 비밀코드를 늘 생각하며 먼 미래를 소망하고 있었을 것이다.

그들은 어떤 때에 요셉의 맹세를 거부해 보고 싶기도 했겠지만, 이미 바꿀 수 없는 운명의 길에 들어선 후였다. 더구나 그들은 이집트 사람들이 천히 여기는 직업을 갖고 있었기 때문에 이집트 사람과 통혼은 물론이고 식사도 할 수 없었다.

그들은 아픔과 한을 믿음으로 달랬다. 약자이며 이방인인 그들로서는 지파들끼리 장로를 조직하고, 민족의 정체성과 나아갈 방향을 생각하며 살지 않을 수 없었다.

요셉은 자신이 고난의 과정을 겪는 가운데 어느 날 총리의 기회가 온 것처럼, 후손들도 이집트 땅을 떠나, 자신의 유골을 메고, 가나안 땅으로 갈 때가 올 것을 믿음으로 예언했다.

요셉은 고센 땅을 무덤으로 보지 않았다. 이집트에는 요셉이 묻힐 곳이 없었다. 요셉에게 이집트 땅은 무덤이 아니라 요람이었다. 요셉의 믿음은 매우 위대하여 죽을 수 없었고, 묻을 수도 없었다. 요셉은 자신의 유골이 언젠가는 요람에서 부활할 날이 오리라는 것을 믿었다.

그러나 이집트 땅은 핍박받는 후손들에게는 요람이 아니라 그야말로 무덤이었다. 많은 사람이 죽어서 묻혔고, 막 태어난 남자 아이들은 강에 던져졌다. 고센 땅은 이스라엘 백성의 눈물로 젖었고, 나일 강은 붉은 피가 되어 흘렀다. 이스라엘 백성은 고통으로 인해 몸을 떨면서 하늘을 향해 울부짖었다.

이집트 대지는 이스라엘 백성의 눈물과 피를 필요로 했던 것일까. 많은 눈물과 피를 흘리고 난 어느 날, 하늘에는 구름이 걷히고 해가 빛을 드러냈다.

드디어 약속의 시간이 되었다. 새벽의 여명이 밝아오자 약속의 백성들은 떠날 채비를 서둘렀다. 그들은 요셉의 마른 유골인 미라를 메고 이집트를 떠나게 되었다. 400년 동안 죽지 않았던 요셉의 유언이 이루어지게 된 것이다.

모세가 요셉의 해골을 취하였으니 이는 요셉이 이스라엘 자손으로 단단히 맹세케 하여 이르기를 하나님이 필연 너희를 권고하시리니 너희는 나의 해골을 여기서 가지고 나가라 하였음이었더라(출 13:19).

요셉의 유골은 이집트 땅에서 약속의 땅 가나안으로 가고 있었다.